Zeitreisen und Panoramablicke
Wanderungen Region Zürich

Bruno Rauch

WERDVERLAG

Bildnachweis: Fotos von Bruno Rauch,
ausgenommen Seiten 21 (Alex Buschor),
47 (DVZO, Hugo Wenger), 125 u. (Luc
Hagmann), 141 (Christof Sonderegger)

Serviceseiten: ☐ bezeichnet das
Fahrplanfeld im Offiziellen Kursbuch

Alle Rechte vorbehalten, einschliesslich
derjenigen des auszugsweisen Abdrucks
und der elektronischen Wiedergabe

© 2004 Werd Verlag, Zürich

Lektorat: Christina Sieg

Korrektorat: Heike Burkard, Rorbas

Gestaltung: Buch und Grafik,
Barbara Willi-Halter, Zürich

Karten: Beni La Roche, Zürich

Höhenprofile: Kurt Rauber, Berikon

Satz und Umbruch: Albin Koller, Berikon

ISBN 3-85932-484-5

www.werdverlag.ch

Inhalt Zeitreisen und Panoramablicke

1 **Ein Stil mit Stil** 6
   Von Küsnacht über die Forch nach Meilen

2 **Moore und Malteserritter** 16
   Von Esslingen über Grüningen und Bubikon nach Rüti

3 **Da läufts total rund** 26
   Von Pfäffikon um den See nach Pfäffikon

4 **Auf Industrie reimt Nostalgie** 34
   Von Bauma übers Rosinli nach Wetzikon

5 **Vor lauter Bauma nach Wald gehen** 43
   Von Bauma über den Bachtel nach Wald

6 **Auf dem Dach des Kantons** 54
   Von Libingen aufs Schnebelhorn und hinunter nach Steg

7 **Des Kaisers neuer Bahnhof** 63
   Von Turbenthal über den Schauenberg nach Aadorf

8 **Ritters Ehr und Schusters Rappen** 72
   Von Winterthur über Kyburg nach Pfäffikon

9 **Wo der Spargel spriesst** 82
   Von Dättlikon über den Irchel nach Flaach

10 Eine Tour an der Thur 91
Von Ossingen die Thur entlang nach Rüdlingen

11 Auf Dichters Spuren 99
Von Bülach über Glattfelden nach Kaiserstuhl

12 Kommt uns sehr «gelägern» 108
Von Regensberg über die Lägern nach Baden

13 Nie matt an der Limmat 118
Von Zürich entlang der Limmat nach Neuenhof oder Wettingen

14 Brugg, Horn, Pass und Kulm 127
Von Sihlbrugg über den Albisgrat und den Üetliberg nach Zürich

15 Schon fast eine Wallfahrt 137
Von Schindellegi über den Etzel und den Seedamm nach Rapperswil

16 Auf Amtes Wegen 146
Von Hausen am Albis durchs Knonauer Amt nach Rumentikon

17 Wie aus dem Fluss ein See wurde 156
Von Hedingen entlang der Reuss nach Bremgarten

18 Linde Bergwanderung 167
Von Sins über den Lindenberg nach Muri

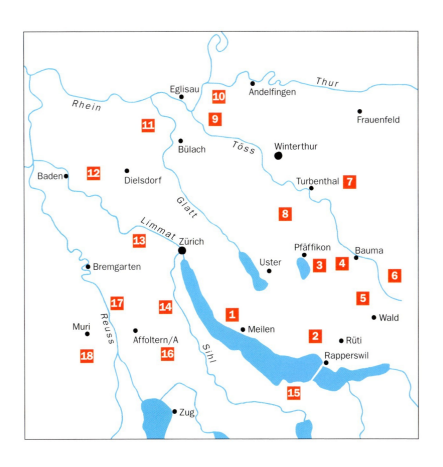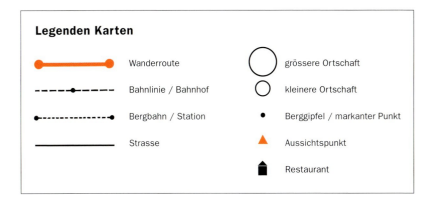

1 Ein Stiel mit Stil

Von Küsnacht über die Forch nach Meilen

Route	Küsnacht–Küsnachter Tobel–Wulp–Tobelmüli–Wangen–Chaltenstein-Forch–Gubel–Vorbüel–(Hinter Guldenen)–Vorder Guldenen–Pfannenstiel–Hochwacht–(Okenshöhe)–Eichhalden–Toggwil–Meilemer Tobel–Meilen
Anreise	S 6 und S 16 (☐ 730) von Zürich nach Küsnacht
Rückreise	S 6, S 7 und S 16 (☐ 730) von Meilen nach Zürich oder Schiff (☐ 3730) von Meilen nach Zürich
Wanderzeit	4¼ Stunden
Karten	Landeskarte 1:25 000, Blätter 1111 «Albis», 1091 «Zürich», 1092 «Uster», 1112 «Stäfa»
Gaststätten	Küsnacht, Hinter Guldenen, Hochwacht (Vorderer Pfannenstiel), Toggwil, Meilen
Besonderes	Ortsmuseum Küsnacht (www.ortsmuseum-kuesnacht, Tel. 01 910 59 70 Waldlehrpfad Findlingsgarten mit Alexander-Stein Ruine Wulp Wasserfälle (Giessen) Forch-Denkmal Aussichtsturm Pfannenstiel Okenshöhe mit Gedenkstein Bezirkshauptort Meilen, Dorfkern und Ortsmuseum (Tel. 01 923 47 27)

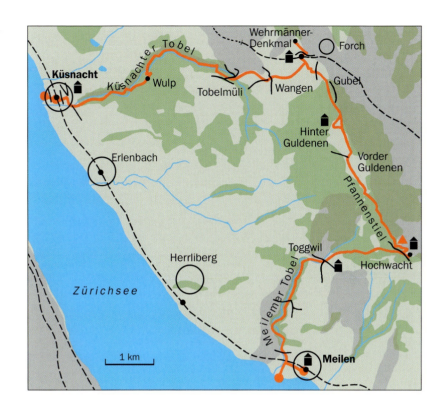

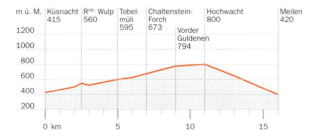

Physikalischer Auftakt
Fahre ich nach Küsnacht, kommt mir mein Physiklehrer in den Sinn. Sein Fach war das Damoklesschwert, das über meinem Gymnasiastendasein schwebte, bereit, jederzeit nach den unerfindlichen, ehernen kinematischen Gesetzen niederzusausen. Damals war die Bahnfahrt an Tagen, da Physik angesagt war, ein Alptraum. Doch heute denke ich: Er kann mich mal. Und so steige ich völlig locker, ja geradezu erwartungsfroh aus dem Wagen. Wie harmlos ist heute die Bahnhofunterführung, die mir damals als Höllentor vorkam. Wie blau der Himmel. Wie leicht der Einstieg zum Wanderweg: Vektor zum Ortsmuseum–Küsnachter Tobel–Forch. Hinter dem Bahnhof, also bergseits, über den grossen Platz, dann ein kurzes Stück die Zürichstrasse entlang und im rechten Winkel die leicht ansteigende Oberwachtstrasse hinan. Beim Verkehrskreisel nach rechts der Alten Landstrasse nach, vorbei an einem Wasserspiel in Form von Mühlerädern. Rechter Hand ein Blick auf den Turm der St.-Georg-Kirche mit den sechs Fialen auf dem Satteldach. Und dahinter, zum Teil in Bauten einer ehemaligen Johanniterkomturei untergebracht, die Kantonsschulgebäude.

Ein lokales Stonehenge
Das braune Museumsschild weist jetzt scharf nach links, und nach wenigen Schritten beginnt der Tobelweg, der gleichzeitig als Waldlehrpfad ausgeschildert ist. Er führt direkt am Ortsmuseum vorbei, einem Bau mit Satteldach und Rebspalier, der einst Mühle war, heute aber auch die Musikschule beherbergt und zu historischen, sozialgeschichtlichen und naturkundlichen Ausstellungen lädt. Gegenüber steht das mehrgeschossige, lang gezogene Werkgebäude der Gemeinde, eine ehemalige Baumwollspinnerei, welche die Wasserkraft nutzte. Statt den Mühlesteg zu überschreiten, dringen wir hier, dem Wegweiser Richtung Pfannenstiel folgend, ins Tobel ein. Angenehm im Schatten und mässig steigend führt der Haselstaudenweg mehr oder weniger den Wasserlauf entlang bergan. Wir durchqueren ein Findlingsfeld mit über fünfzig erratischen Blöcken. Mehrhundertjährige Reisen haben diese Erratiker aus Sernifit und Taveyannaz-Sandstein, den Leitgesteinen des Linthgletschers, auf dessen Rücken zurückgelegt, eh sie der Gletscher bei seinem Rückzug im ganzen Zürichbiet deponierte. Während Generationen wurden sie gesprengt, zertrümmert und als willkommenes Baumaterial genutzt; als eiszeitliche Zeugen geht man heute sorgfältiger mit ihnen um. Die Brocken im Steingarten des Küsnachter Tobels wurden

natürlich nicht vom Gletscher in diese enge Furche verfrachtet, sondern 1970 von Menschenhand dorthin geschafft und auf der aufgeschütteten Fläche des ehemaligen Mühleweihers deponiert. Ein besonders eindrücklicher Findling ist der Alexander-Stein aus Taveyannaz-Sandstein, vor dem wir wenig später stehen. Nicht ganz so gross wie der Ayers Rock, aber doch beachtlich – rund 79 Kubikmeter – und von hausähnlicher Form. Was ihm den Namen «Wöschhüüslischtei» eingetragen hat, bevor er mit einer Bronzetafel dem Küsnachter Geologen Alexander Wettstein (1861–1887)

Künstliche Treppenstufen zähmen den Küsnachter Tobelbach.

gewidmet wurde, der in jungen Jahren im Jungfraumassiv tödlich verunglückte. Der 5 Meter hohe Koloss aus dem glarnerischen Hausstockmassiv wurde vom Linthgletscher vor 15 000 bis 20 000 Jahren an der Flanke des Pfannenstiels abgelagert und rutschte schliesslich in der Erosionsfurche des Bachs in die Talsohle hinunter.

Überhaupt dieser Bach! Er hat es in sich. Was als harmloses Wässerchen scheinheilig daherkommt, über ungezählte Stufen und Wehre manierlich hinunter zum See fliesst, kann sich zur verheerenden Flutwelle entwickeln. Zwar fliessen in Trockenperioden nur etwa 3 Kubikmeter Wasser pro Sekunde talwärts; bei Hochwasser kann die Menge in kürzester Zeit auf 26 Kubikmeter pro Sekunde ansteigen. So berichtet die Goldbacher Dorfchronik erstmals 1678 von einer Überschwemmung, die indes kaum die erste gewesen sein dürfte. In der Folge liest man praktisch alle hundert Jahre von grösseren Unwettern mit entsprechendem Hochwasser. Besonders zerstörerisch soll es 1778 gewesen sein; 66 Dorfbewohner kamen damals ums Leben. Wiederum hundert Jahre später, beim Bau der Seestrasse, staute sich das Wasser an der zu tiefen Brücke und überzog den unteren Dorfteil meterhoch mit Schlamm und Schutt, was die schwarze Linie am Haus an der Unteren Dorfstrasse 2 bezeugt. Damals begann man – erstmals mit Bundesgeldern –, im Zeichen der grossen Flusskorrektionen auch Bäche landauf und landab zu sanieren. Es wurde gesprengt, begradigt, terrassiert, betoniert – praktisch drei Viertel des Küsnachter Dorfbetts sind künstlich angelegt. 101 Schwellen sollten die Dynamik des Bachs zähmen, heute – im Zeichen der Renaturierung – sinds noch 70.

Mittelalterliche Investitionsruine?
Über eine geschwungene Betonbrücke überqueren wir den Bach und folgen seinem Lauf für ein kurzes Stück am rechten Ufer. Beim nächsten Seitenwechsel weist ein Schild auf die Burgruine Wulp. Den Umweg von einer halben Stunde nehmen wir in Kauf und steigen in steilem Zickzackkurs hinauf auf den bewaldeten Sporn, wo ein paar bemooste Bollensteine und eine Zisterne die einstige Burg andeuten. Funde belegen, dass hier schon in der Bronzezeit gesiedelt wurde. Die eigentliche Anlage jedoch soll aus dem 11. und 12. Jahrhundert stammen, aber bereits um 1250 wieder verlassen worden sein. Die heutige Forschung vermutet, dass die ursprünglichen Bewohner, ein lokales Adelsgeschlecht, von den Zähringern vertrieben wurden. Als deren Nachfolger begannen die Herren von Regensberg die Festung nach modernster Wehrtechnik auszubauen; Spuren davon sind der quadratische Grundriss des Bergfrieds von 9 mal 9 Metern. Lange Zeit ging man davon aus, dass die Burg während der so genannten Regensberger Fehde (1267/68), deren Ablauf und Ursache ziemlich unklar sind, geschleift wurde (vgl. Seite 112). Es soll dabei im Grossen und Ganzen um das Kyburger Erbe gegangen sein, das Rudolf I. von Habsburg, damals noch Graf Rudolf IV., als Neffe des letzten Kyburgers für sich beansprucht hatte (vgl. Seite 76). In der Folge hätten die Habsburger im Schulterschluss mit dem habsburgfreundlichen Zürich die regensbergischen Besitzungen annektiert oder zerstört. Heute nimmt man jedoch an, dass die Burg – der letzte Regensberger, Ulrich, starb um 1280 – gar nie fertig gebaut wurde: eine mittelalterliche Investitionsruine sozusagen.

Auch ein Drache fehlt nicht
Wir verlassen die historischen Steine und gelangen auf einem andern Zickzackweg wieder hinunter zum Bach, den wir auf einer weiteren Brücke überqueren. Linker Hand steigen die zerklüfteten Nagelfluhfelsen der Drachenhöhle auf. Nachdem ich die einstigen Physikstunden schadlos überstanden habe, brauche ich mich auch vor dem Drachen nicht zu fürchten, der seit urdenklicher Zeit hier hausen soll. Immer wieder habe er sich,

Es grünt so grün, wenn alle Blüten blühn ...

obwohl man seine Höhle mit Baumstämmen verrammelt hatte, an den Bewohnern des Dorfes – wohl nach Drachen(un)art vorab an züchtigen Jungfrauen – vergriffen und auch sonst allerlei Unheil angerichtet. Da meldete sich eines Tages ein frommer Ritter, der versprach, die Küsnachter vom Untier zu befreien. Nach inbrünstigem Gebet zur Jungfrau Maria und wohl auch zu St. Georg, der, wie man weiss, im Umgang mit derartigem Getier geübt ist, schickte er sich an, beschützt von einer geweihten Kerze und seinem blanken Schwert, erst gebückt, dann auf allen vieren, schliesslich kriechend in den Schlund der Drachenhöhle einzudringen. Schon fühlte der Waghalsige den heissen Atem des Lindwurms, sah er die glühenden Augen rotieren, den gezähnten Rachen aufklappen. In seiner Not rief der Ritter den Himmel an. Und siehe da: Die Kerze erlosch, und die Grotte ward von rosigem Schein erhellt. Ehe der Drachenbezwinger einen zweiten Blick wagen konnte, lag das Ungetüm mit einer diamantenen Kette an den Fels geschmiedet da und liess nur noch ein erbärmliches Winseln hören, das alsbald in einer machtvollen Stimme unterging, die ihm befahl: «Hier sollst du schmachten bis zum Jüngsten Tag!» Die Felsen taten sich auf und entliessen den glaubensstarken Ritter ins Freie. Bis vor Jahren noch konnte man, heisst es, in Gewitternächten im Tobel das Gestöhn des Drachen und das Rasseln der Ketten vernehmen.

Doch heute hat der Weg nichts Schauerliches an sich, Sonnenlicht sickert durch die Stämme, ab und zu hören wir einen Specht. Noch ein paar Mal wechselt der Weg vom linken auf das rechte Bachufer und wieder zurück. Gebremst von vielen Stufen, führt der von Norden einmündende Chliweidlibach die in der Kläranlage Zumikon geläuterten Wasser ins Tobel. Kurz darauf passieren wir den grossen Rastplatz Tobelmüli mit Feuerstelle, Tischen, Bänken und einem Unterstand. Wenig später sehen wir rechter Hand die Gebäude der einstigen Tobelmühle. Jetzt öffnen sich Wald und Tobel, ein kurzes Stück auf geteerter Strasse, und schon sticht der Weg wieder in eine schattige Rinne, das Wangnertöbeli. Nach einem kurzen Aufstieg kommen wir zur Limbergstrasse und nach Wangen, einer Aussenwacht der Forch (Punkt 638).

Grüne Flamme
Jetzt hat die beschauliche Tobelromantik ein Ende; das weite Hochplateau des Pfannenstiels ist erreicht. Wir folgen der Autostrasse ein kurzes Stück in nordöstlicher Richtung und biegen dann nach rechts wieder in einen Feldweg ein, der uns durch Agrarland in leichtem Anstieg nach Chaltenstein führt. Nahezu reglos steht die Sommerluft über dem gelbgrünen, grosszügigen Flickenteppich, den die Kornäcker und Wiesenparzellen über das weite, sanft gewellte Land legen. Die Metropole Zürich scheint fern, doch ihre Satelliten – Zumikon und Forch – zeugen vom Siedlungsdruck.

Am Horizont zur Linken, über den Häusern der Neuen Forch, sticht das markante Forch-Denkmal in den blauen Himmel: eine 18 Meter hohe, kupferne und mittlerweile grün patinierte Opferflamme auf einer steinernen Stufenpyramide. 1922 vom Architekten Otto Zollinger (1886–1970) geschaffen, soll sie an die Opfer erinnern, die der «Weltkrieg 1914–1918 zu des Vaterlandes Schutz forderte», wie eine Inschrift etwas irreführend formuliert. Denn gemeint sind die Todesopfer jener Grippeepidemie, der schlimmsten je bekannt gewordenen, die von 1918 bis 1919 wütete und deren Ausbreitung zumindest teilweise auf den Krieg zurückzuführen ist. Weltweit starben schätzungsweise 20 bis 25 Millionen Menschen. In der Schweiz erkrankte mehr als die Hälfte der Bevölkerung, die zivilen Spitäler waren ebenso überfordert wie der militärische Sanitätsdienst. Über 21 000

Tote waren zu beklagen; darunter an die 2000 Soldaten, die Hälfte davon im Einsatz gegen den Generalstreik von 1918.

In gerader Linie führt unser Weg durch die Felder, schlägt einen grossen Bogen nordwärts zu den Wohnhäusern von Chaltenstein und führt ziemlich nahe ans Trassee der Forchbahn und dann über die Chisligstrasse wieder gegen Süden. Von hier geht der Blick hinunter ins Glatttal und auf den Greifensee, dahinter das Säntismassiv und der Speer.

Wir folgen weiter der Markierung «Pfannenstiel» und gelangen über den leicht ansteigenden Gubelweg wieder in die angenehme Kühle des Waldes. Nach Vorbüel zeigt ein Wegweiser zum idyllisch gelegenen Waldgasthof Hinter Guldenen, den man – gastronomische Absichten vorausgesetzt – über einen Umweg von knapp zehn Minuten anpeilen kann. Andernfalls, wie wir es jetzt tun, folgt man weiter dem Waldrand und erreicht über eine Rechtskurve den Weiler Vorder Guldenen, wo die Uhr im Türmchen auf einem Hausdach eben zwölf schlägt. Statt geradeaus zu gehen, in den Wald mit dem sprechenden Namen Chüelemorge, leiten uns die gelben Rhomben nach links durch offene, von Kirschbäumen bestandene Wiesen. Da und dort steht noch eine Leiter am Baum; die meisten Früchte aber sind bereits abgeerntet. Beim stattlichen Bauernhof, der sich Integrierter Produktion verschrieben hat, prunkt der Garten mit Sommerflor und die Hausmauer

Forch: Es wallt das Korn weit in die Runde ...

des gegenüberliegenden Stalls mit einer Vielzahl von Plaketten für «Milch bester Qualität». Im Halbdunkel des Stalls läuft gerade die «Produktion» dieser Top-Milch: wiederkäuendes Braunvieh, dessen streng geregelter Tagesablauf zur Information des unkundigen Städters am Tor angeschlagen ist: 05.45 Melken, 07.00 Weidegang, 12.00 Siesta, 19.30 Uhr Melken. Von abendlichem Kuhreihen keine Rede.

Wohin mit dem Turm?

Ab der Guldener Höchi verläuft der Guldener Weg wieder im Wald, der sich bei der Hochwacht zu lichten beginnt und den Tiefblick auf den oberen Zürichsee erlaubt. Wer noch höher hinauswill, steigt die 124 Stufen des Turms hinauf und hat aus 30 Meter Höhe eine herrliche Rundsicht über die Baumwipfel. Der quadratische Turm aus genietetem Stahl und Graugussn wurde 1893 auf dem Bachtel erbaut, ein Jahr vor dem alten Üetlibergturm und wie dieser nach dem Vorbild des Eiffelturms (vgl. Seite 52). Obwohl 1979 vom kantonalen Denkmalschutz als schutzwürdig klassiert, wurde er 1985 von den PTT abgerissen, um an seiner Stelle einen modernen UKW-Sendeturm zu erstellen. 1992 wurde der inzwischen antike Turm, Niete für Niete, Strebe für Strebe, hier am neuen Ort wieder aufgebaut, und zwar von osteuropäischen Fachleuten, welche die alte Konstruktionstechnik des Metallbaus noch beherrschten. Doch der neue Standort gab zur Diskussion Anlass. Der Kanton wollte den Turm auf der höchsten Stelle des Pfannenstiels, mitten im Wald aufstellen, was dem Gemeinderat von Meilen nicht passte. Schliesslich wurde ein Standort etwas weiter unten auf dem Gemeindegebiet von Egg gefunden, wo sich der Turm ideal in die Landschaft einfügt.

Ein Turm auf Wanderschaft: vom Bachtel auf den Pfannenstiel.

Nach der Rast im beliebten Ausflugsrestaurant Hochwacht machen wir einen kurzen Abstecher zum wenig unterhalb gelegenen Okenstein. Der Findling ist benannt nach dem aus Offenbach gebürtigen Lorenz Oken (1779–1851). In Zürich-Unterstrass trägt eine Strasse ebenfalls den Namen des streitbaren Mediziners

Zürichs Farben en nature: blauer See und weisser Firn.

und Forschers, der in Jena auf Fürsprache Goethes, später in Basel, München und Zürich lehrte und eigentlich Okenfuss hiess. Um Studentenwitzen vorzubeugen, hatte er seinen Namen kurzerhand halbiert. Den lauschigen Platz habe er wegen der Aussicht gerne aufgesucht und schliesslich sogar käuflich erworben; seine Erben schenkten ihn der Gemeinde Meilen. Wegen der Fernsicht braucht man nicht hierher zu kommen, sie ist längst mit Bäumen zugewachsen.

Aussicht à discrétion auf die Zürichseelandschaft hat man dafür beim Abstieg, der ein Stück weit dem nach dem Mitbegründer der Arbeitsgemeinschaft Zürcher Wanderwege, Jakob Ess (1889–1968), benannten Weg folgt. Das Restaurant in Toggwil, das wir 40 Minuten später erreichen, trägt seinen Namen zu Recht: Alpenblick. Bei der ehemaligen Sennhütte kreuzen wir die Fahrstrasse und steigen dann ins Meilemer Tobel ein: Staustufen, grössere und kleinere Wasserkaskaden, Findlinge, ja sogar eine Burgruine, die auch das Wappen von Meilen ziert und einem Ortsteil den Namen gab. Und selbst die Erinnerungen an die Physiklektionen melden sich in Meilen nochmals: Hier vikarisierte ich während des Studiums für ein paar Wochen an einer Sekundarklasse und unterrichtete unter anderem – was wohl? Richtig!

2 Moore und Malteserritter

Von Esslingen über Grüningen und Bubikon nach Rüti

Route	Esslingen–Mülirain–Bäpur–Summerau–Schoren–Binzikon–Grüningen–Itzikon–Brugglen–Itziker Riet–Alau–Reitbacher Riet–Sennschür–Hinterächer–Bubikon–Ritterhaus–Schwarz–Rüti
Anreise	Forchbahn S 18 (☐ 731) von Zürich-Stadelhofen nach Esslingen
Rückreise	S 5 (☐ 740) von Rüti nach Zürich Oder S 5 (☐ 740) von Rüti nach Rapperswil und S 7 (☐ 730) von Rapperswil nach Zürich, allenfalls mit dem Schiff (☐ 3730) von Rapperswil nach Zürich
Wanderzeit	3 Stunden
Karten	Landeskarte 1:25 000, Blatt 1112 «Stäfa»
Gaststätten	Esslingen, Grüningen, Bubikon, Rüti
Besonderes	Historisches Städtchen Grüningen: Schlossmuseum (Tel. 01 935 18 03, Heimatschutzgesellschaft), Imkermuseum (Tel. 01 940 76 37, Imkerverein Hinwil), Zinnfigurenmuseum (Tel. 01 935 18 03, Heimatschutzgesellschaft), Botanischer Garten Im Eichholz (Tel. 01 935 19 22) Flachmoore Ritterhaus Bubikon mit Malteser Ordenshaus (www.ritterhaus.ch, Tel. 055 243 12 60)

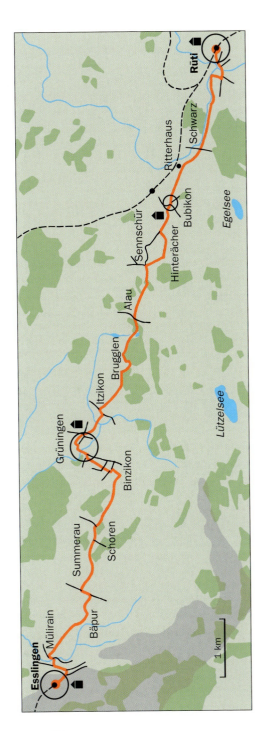
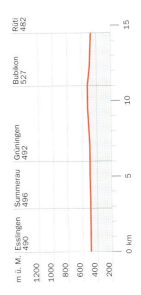

Start mit der roten Frieda
Ihre Initialen: FB. F wie Frieda, B wie Bünzli. Im Volksmund heisst sie Frieda Bünzli. Offiziell Forchbahn, eine Bahn, die von sich behaupten kann: «Ich bin auch ein Tram!» Allerdings ist sie dort, wo das Zürcher Tram blau ist, rot, und wo das Tram weiss ist, beige. Dennoch darf sie die rund 4 Kilometer zwischen Stadelhofen und Realp auf den städtischen Schienen der Züri-Linie rollen. Ihren Betrieb aufgenommen hat die rote Frieda, was nicht politisch zu verstehen ist, im November 1912. Damals brauchte sie für die Bewältigung der ganzen Strecke 67 Minuten. Heute schafft sie die 17 Kilometer bis zur Endstation Esslingen in 36 Minuten. Damit sind wir bereits hier angelangt und steigen aus dem Wagen.

Vom modernen Bahnhof und der Post ausgehend, folgen wir noch ein Stück der Forchstrasse in derselben Richtung, umrunden dann den Dorfladen, folgen weiter der Usterstrasse und kommen schliesslich zur Kreuzgarage, wo wir die Autostrasse überqueren. Denn auf der Gegenseite weist uns das Schild Richtung Grüningen und in die Engelstrasse. Ein Bezug zur Schülerschaft des Schulhauses mit den roten Fensterläden, das wir eben passieren, ist nicht anzunehmen. Die Gegend wird zunehmend ländlicher: Von Hand geschriebene Kartonschilder offerieren Freilandeier, Kartoffeln, frisches Obst, Cheminée-Holz; in der Luft hängt der leicht säuerliche Geruch von gärendem Obst und Silage. Jetzt biegen wir nach links in die Kahlenstrasse und wenden uns beim Gutshof Mülirain nach rechts zur Bäpurstrasse, die uns geradewegs zum gleichnamigen Weiler bringt. Der sonderbare Name leitet sich ab von Bet-Bauer, womit nicht der betende Bauer, sondern das Bauer (Althochdeutsch «bur»), eine Lokalität, gemeint ist, die vor Zeiten einmal zum Beten hier gestanden hat. Vor einem grossen Gehöft gehts jedoch um Aktuelleres: Pferdekoppel und Hundezwinger unterstreichen, was das Reklameschild anpreist: «Familiäre Pflege Ihrer Lieblinge während Ihrer Abwesenheit.» – Doch einer der Hunde scheint, seinem Jaulen nach zu schliessen, erbärmlich unter Heimweh zu leiden. Auf den abgeernteten Feldern, von denen ein dumpfer Jauchegeruch aufsteigt, streiten sich ein paar Krähen mit einem Elsternpaar.

Unsere Route, ein asphaltiertes, aber kaum befahrenes Strässchen, überquert jetzt die grössere Fahrstrasse, die Oetwil mit Gossau verbindet, und streift die Weiler Summerau und Schoren. Eine Grossgärtnerei setzt mit ihren Pflanzbeeten – zurzeit sind es Stiefmütterchen – bunte Akzente ins satte Wiesengrün und vor die dunkle Silhouette des Schorenhölzlis. Vorbei

Stiefmütterlich-herbstliche Farbsinfonie.

an einem Rebberg am Südhang des Schlüssbergs, der die Bezeichnung Berg zwar kaum verdient, kommen wir nach Binzikon, das bereits zu Grüningen gehört. Über die Aussergasse, nachher die Frohbühlstrasse gehts vorbei an Rasen und Kotoneaster, Kirschlorbeer und Stewi-Spinnen ins Zentrum, von wo die Stedtligasse als Damm über einen ehemaligen Burggraben in den historischen Stadtkern führt.

Fast ein Freilichtmuseum

Grüningens Vergangenheit ist überaus bewegt. Das Burgstädtchen wurde Anfang des 13. Jahrhunderts von den Regensbergern als Vögten des Klosters St. Gallen gegründet, nachdem sich hier schon ums Jahr 1000 die Höfe eines gewissen Gruono befunden hatten. Es gelangte später in den Besitz der Habsburger und der von Landenberg-Greifensee, bis 1408 die Stadt Zürich die Herrschaft übernahm und eine Landvogtei einrichtete, die – wie vielerorts – bis zum Beginn der Helvetik 1798 bestand. Sie umfasste beinahe den ganzen Südosten der Landschaft Zürich, vom Pfannenstiel bis zum Schnebelhorn und vom Hörnli bis an den Zürichsee, und besass mit der Vogtei Kyburg als einzige ein eigenes Blutgericht. Anschliessend wurde Grüningen Hauptort eines helvetischen Distrikts und später des Oberamtes Grüningen. Als das neue zürcherische Staatswesen 1831 die Bezirksstruktur einführte, wurde das einstige Landvogteigebiet reduziert und in einen Bezirk mit Hauptort Hinwil umgewandelt. In der Folge nahm die Bedeutung Grüningens ab, die Bevölkerungszahlen gingen zurück und begannen erst Mitte des vorigen Jahrhunderts wieder zu steigen.

Als Erstes fällt der etwas isoliert stehende, dreieckige Komplex von Schloss und Kirche auf, der den nordwestlichen Abschluss der Stadtanlage markiert. Über diese kann man sich anhand des im Vorhof ausgestellten Holzmodells, das den Zustand um 1750 zeigt, einen guten Überblick verschaffen. Das Museum im Schloss, das den einstigen Palas und den abgetragenen Bergfried unter einem imposanten Walmdach vereint, beherbergt eine historische Sammlung von Rüstungen und Waffen. Weniger kriegerisch sind die Exponate der Museen, die der Imkerverein und der Heimatschutz in der Scheune der Mühle etwas unterhab des Schlossgebäudes eingerichtet haben. Während man im Imkermuseum etwas über die Bienenzucht und die Honiggewinnung erfährt, sind im Zinnfigurenmuseum neben anderem erneut mittelalterliche Kriegsszenen zu sehen – wenigstens im reduzierten Format.

Ein Gang durch die Stedtligass, welche die Stadt im rechten Winkel durchmisst, lohnt sich. Beidseits säumen historische Steinhäuser und Riegelbauten die Gasse und liefern die stimmige Kulisse für die traditionellen Märkte, die hier im Frühling, im Herbst und im Advent stattfinden. Besonders stimmungsvoll sind solche Anlässe natürlich auf dem zentralen Marktplatz, im Chratz, wo man sich nahezu ins Mittelalter versetzt fühlt – Gerüche und Geräusche dürften damals wohl um einiges intensiver gewesen sein.

Grüningen soll sich von Nordosten mit seiner Schokoladeseite präsentieren; wir aber sind just von Südwesten gekommen. Deshalb biegen wir kurz vor dem Gemeindehaus links in den Hirschweg ab – ein Umweg, der das Weichbild der Stadt besonders deutlich erkennen lässt: eine kompakte Häuserzeile, die wie in Regensberg gleichzeitig die Stadtmauer bildet. Statt wieder ins Zentrum zurückzugehen, folgen wir ausserhalb der Stadt dem Metzgweg, der bald in die Büelstrasse mündet. Dann überqueren wir die Strassenkreuzung bei der Bushaltestelle Im Haufland, wenden uns für ein paar Meter nach rechts und biegen in den Töbeliweg. Unversehens stehen

Erinnert an Gottfried Kellers Seldwyla: Grüningen mit Schlosskirche.

wir vor dem romantischen Töbeliweiher. Bänke laden Schwärmer und Verliebte zum Verweilen. Wir aber gehen weiter und kommen zur Itziker Dorfstrasse. Richtung Süden würden wir in wenigen Minuten den Botanischen Garten von Grüningen erreichen, seit 1987 eine Stiftung der Zürcher Kantonalbank ZKB. Auf knapp zwei Aren Land wird da, streng nach ökologischen Kriterien, die Artenvielfalt von einheimischen und exotischen Pflanzen untersucht und dargestellt. Irisblüten, Rosen, Kräuter und Heilpflanzen, Sumpfgewächse und Farne sind nur einige der Spezialitäten, die kultiviert werden.

Feuchte Urlandschaften
Obwohl ich sonst kaum einem schönen Garten widerstehen kann, verzichten wir auf den botanischen Abstecher und folgen stattdessen der gelben Wegmarke, die uns über den kurzen Greubweg auf die Brugglenstrasse weist. Durch Wiesen und Ackerland führt der bequeme Weg, bis man beim

Waldrand zwischen Lützelsee oder Itziker Riet wählen muss. Wir entscheiden uns fürs Ried. Das Itziker, Reitbacher und das Laufenriet ebenso wie die Alau stehen zusammen mit den Sumpflandschaften um den Lützelsee seit 1994 auf der Liste der über 1100 Flachmoore im Bundesinventar der Landschaften und Naturdenkmäler von nationaler Bedeutung (BLN). So musste denn auch die neue, im Frühjahr 2004 in Betrieb genommene 11 Kilometer lange Erdgasleitung von Grüt nach Wolfhausen diese hochsensiblen Gebiete in gebührendem Abstand umgehen.

Die Entwicklungsgeschichte der Flachmoore ist kürzer als diejenige der Hochmoore. Als sich die Gletscher – hier der Linthgletscher – im Laufe der letzten Eiszeit vor etwa 9000 Jahren zurückzogen, liessen sie kleine Moränenbuckel, so genannte Drumlins, und in den flachen Geländemulden untiefe Seen zurück, die allmählich verlandeten. Denn: Pionierpflanzen, wie sie heute in alpinen Gletscherregionen zu finden sind, begannen den eisfreien Boden zu besiedeln. Erste Bäume wuchsen: Birken, Erlen, Weiden. Durch die langsame Zersetzung von abgestorbenen Pflanzen im stehenden Wasser bildeten sich unter Ausschluss von Sauerstoff mehr oder weniger dicke Torfschichten. Viele der nassen Grünflächen – je nach Feuchtigkeit und Standort als Riedwiesen, Seggenriede, Mooswiesen, Röhrichte bezeichnet – entstanden als Folge der Rodung der feuchten Bruchwälder. Im Gegensatz zu den Hochmooren, die ausschliesslich vom Regenwasser gespeist werden, weil sie sich durch ihre schwammartige, dicke (= hohe) Torfschicht vom Grundwasser abgeschnitten haben, sind Flachmoore periodisch überflutete oder vom Grundwasserspiegel befeuchtete Gebiete. Sie werden als minderwertiges Weideland oder, früher vor allem, zur Mahd von Streu landwirtschaftlich genutzt. Daher bezeichnet man sie auch als Streu- oder Nasswiesen. Häufig wurde hier auch Torf gestochen, der Brennstoff des armen Volkes. Um 1850 standen zum Beispiel im Laufenriet unweit von Bubikon 34 Torfhütten, wo die Tonziegel zum Trocknen aufgeschichtet wurden. Um neue Torfschichten anzustechen, wurde der Wasserspiegel immer mehr abgesenkt: Die weisse Seekreide, die auf diese Weise in trockengelegten Äckern zum Vorschein kam, ist der Beweis der durch Menschenhand forcierten Verlandung einstiger Seen. Ebenfalls zerstört wurden viele dieser Urlandschaften, als man sie im 19. und Anfang des 20. Jahrhunderts im Zeichen der grossen Meliorationen zur Gewinnung von neuem Kulturland trockenlegte. Heute dagegen erhalten die Bauern Beiträge für die Nutzung der Flachmoore durch extensive Beweidung und regelmässigen Schnitt des

Riedgrases. Denn: Flachmoore sind Zeugen einer langen Kulturgeschichte, was auf verschiedenen Schautafeln in Wort und Bild dargestellt ist.

Von Sennschür gehts auf einer schmalen Teerstrasse nach Hinteräcker und von dort, jetzt wieder auf einer Naturstrasse, quer durch eine sumpfige Senke hinauf zum Dorfteil Rutschberg, von wo uns die Strasse an Gemeinde- und Schulhaus sowie an der reformierten Kirche vorbei ins Dorfzentrum von Bubikon führt. Wir überqueren die Dorfstrasse und entdecken zwischen schönen alten Häusern das nächste Schild, das zum Ritterhaus weist, welches wir besuchen wollen und dazu schräg über das freie Feld steuern.

Zurück in die Zeit der Kreuzzüge
Die Kommende Bubikon, landläufig Ritterhus geheissen, geht zurück in die Zeit der Kreuzzüge und ist die besterhaltene Johanniter-Komturei Europas. Sie wurde 1192 vom Freiherrn Diethelm von Toggenburg gegründet und

Im Hof des Ritterhauses Bubikon weht eine andere Zeit.

dem Orden übergeben; denkbar, dass sich Diethelm nicht selbst an einem Kreuzzug beteiligte, sich aber auf diese Art dennoch ein warmes Plätzchen im Jenseits erkaufen wollte. – Zur Zeit der Reformation wurde das Ordenshaus aufgehoben, konnte aber später seine karitativen Werke unter zürcherischer Ägide weiterführen. 1789 wurden die Güter an weltliche Besitzer veräussert und im 19. Jahrhundert als Baumwollspinnerei genutzt. 1936 konstituierte sich die Ritterhausgesellschaft, die das Anwesen übernahm und darin ein Museum einrichtete, das über die Entstehung des Ordens und seine Ziele informiert.

Im Laufe des 12. Jahrhunderts waren in Jerusalem drei geistliche Ritterorden entstanden – Templer, Deutschritter und, 1099, Johanniter. Ziel dieser Hospitalbruderschaften war es, die Pilger auf ihren Wallfahrten nach dem heiligen Land zu schützen, Kranke und Mittellose zu pflegen, Kirchendienst zu leisten. Nach dem Verlust des heiligen Landes war bis 1291 Zypern und in der Folge Rhodos Hauptsitz des Ordens. Als die Türken 1522 die Insel eroberten, belehnte Karl V. die heimatlos gewordenen Ordensritter 1530 mit Malta, wo sie für die damalige Zeit hochmoderne medizinische Einrichtungen sowie eine Feste und eine Flotte unterhielten, um als Vasallen Christi das Abendland gegen die Heiden zu verteidigen – wozu durchaus auch die Plünderung von deren Schiffen zur Äufnung der eigenen Kassen zählte! Während sich der nach der Reformation in Brandenburg evangelisierte Orden weiterhin Johanniter nannte, bezeichneten sich die katholischen Ordensritter fortan als Malteser. 1798 gaben sie auf Druck Napoleons ihre Burg auf Malta und die damit verbundenen militärischen Aufgaben zu Gunsten der rein karitativen Tätigkeit auf. Als erste übernationale Gemeinschaft Europas ist der Orden jedoch noch heute aktiv und in einer komplizierten Hierarchie in acht Zungen (= Sprachregionen) organisiert, die den acht Spitzen des Malteser Kreuzes entsprechen sollen. 1998 hatte der Souveräne Malteser Ritterorden mit Sitz in Rom 12 000 Mitglieder in 42 nationalen Assoziationen. Er unterhält diplomatische Beziehungen

Memento mori: Das Beinhaus erinnert an die Sterblichkeit.

zu 81 Staaten, hat Beobachterstatus in der Uno und ist mit einer Vielzahl von Hilfswerken und Hilfsprogrammen, mit Spitälern, Unfallambulanzen sowie Versorgungseinrichtungen für Kriegsopfer und Flüchtlinge weltweit tätig.

Nachdem wir aus der spannenden Vergangenheit von Komtursaal, Schlossküche, Waffenkammer, Kapelle und Beinhaus wieder aufgetaucht sind, verlassen wir die dreieckige Anlage zwischen Sennhaus und Landwirtschaftstrakt Richtung Osten. Zuerst führt der Weg ein Stück weit über den Golfplatz, dann, jenseits der Autobahnunterführung, durch eine Industriezone. Danach öffnet sich das romantische Tobel des Schwarzbachs, der die Feuchtgebiete, durch die wir gekommen sind, entwässert. Die Tektonik der Geländefurche aus harter Nagelfluh und weicheren Sandstein- und Mergelschichten begünstigt die Erosionskraft des Wassers, das sich über verschiedene Stufen den Weg bahnt. Der höchste dieser Giessen, gleich am Anfang des Schwarztöbeli, überwindet ein Gefälle von acht Metern, was natürlich auch zur Nutzung inspirierte – ursprünglich mit Wasserrädern, später mit Turbinen.

Weisse Gischt beim Giessen am Schwarzbach.

Fin-de-saison-Stimmung vermittelt das verlassene Schwimmbad linker Hand; bloss der plärrende Lautsprecher will den Geist noch nicht aufgeben. Eingangs Rüti fällt uns ein altes Gebäude mit Sheddach auf. Der pinkfarbene Anstrich und die anspielungsreiche Firmentafel signalisieren indes, dass die alte Seidenweberei heute einem anderen Zweck dient: KaDeWe – Kunst, Design, Wein. Junge, innovative Architekten, Designer und Kunstschaffende haben hier eine spartenübergreifende Galerie für die schönen Dinge des Lebens geschaffen: Grosszügige Lofts. Moderne Möbel. Coole Bilder. Den Wein haben wir nicht probiert. Sondern folgen pflichtbewusst der Amtshofstrasse über den Kirchplatz und kommen dann die Dorfstrasse hinauf zum Bahnhof, wo es, ehe die S-Bahn einfährt, gerade noch zu einem Wässerli aus dem Automaten reicht!

3 Da läufts total rund

Von Pfäffikon um den See nach Pfäffikon

Route	Pfäffikon–Giwitzenriet–Seehalden–Seegräben–Robenhuserriet–Strandbad Auslikon–Chämtnerbach–Ötschbüel–Kastell Irgenhausen–Baumen–Tumbelen–Pfäffikon
Anreise	S 3 (☐ 753) von Zürich nach Pfäffikon Oder S 5 oder S 14 (☐ 740) von Zürich nach Wetzikon und S 3 (☐ 753) von Wetzikon nach Pfäffikon
Rückreise	S 3 (☐ 753) von Pfäffikon nach Zürich Oder S 3 (☐ 753) von Pfäffikon nach Wetzikon und S 5 oder S 14 (☐ 740) von Wetzikon nach Zürich
Wanderzeit	2½ Stunden
Karten	Landeskarte 1:25 000, Blatt 1092 «Uster»
Gaststätten	Pfäffikon, Aathal-Seegräben, Auslikon (Strandbad)
Besonderes	Wanderung, die sich ganz spontan durchführen lässt (Spätaufsteher!) Ortsmuseum in Pfäffikon (Tel. 01 950 42 80) Sauriermuseum in Aathal (auf der Rückfahrt mit S 14 von Wetzikon) (www.sauriermuseum.ch, Tel. 01 932 14 18) Vogelparadies, Naturreservat Römisches Kastell Bootsvermietung und Rundfahrten (Tel. 01 950 15 03)

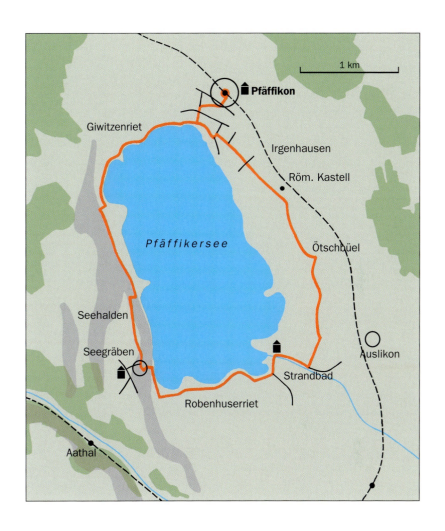

Für Wandermuffel
Es gibt Tage, wo einem vor der Idee vom munteren Wandern mit einem fröhlichen Lied auf den Lippen geradezu graust. Der Vorabend war lang, die Nacht kurz. Und eigentlich möchte man überhaupt nicht, aber der Hund, das Kind, der Partner, die Sonne, der Schnee, der Frühling oder alles zusammen bedrängt den inneren Schweinehund, bis er schliesslich knurrend-grunzend nachgibt. Genau für solche Situationen hat der Pfäffiker Verkehrsverein den Pfäffiker Seeuferweg geschaffen: schön flach und, je nach Anfahrtszeit, in einem guten halben Tag locker zu bewältigen. Man hat in Pfäffikon wirklich an alles gedacht: Sogar ein gelber Wegweiser «Zum Hauptwegweiser» ist da und führt uns auf den Bahnhofplatz, von wo aus Schilder in alle Richtungen weisen. Wir folgen demjenigen nach Auslikon und Seegräben und lassen uns von gelben Rhomben weiter durch die Bankstrasse, dann die Post- und die Rappengasse Richtung Kirche und schliesslich vorbei an einer Zeile sympathischer Flarzhäuser (vgl. Seite 48) mit Vorgärten zum See leiten.

Das Land der Pfaffen
Als eines der letzten Häuser vor dem Seeufer steht linker Hand, Im Kehr, das zweigeschossige Ortsmuseum, das einen Überblick über Siedlung, Brauchtum, Landwirtschaft, Gewerbe und Wohnen in der Region Pfäffikon der letzten Jahrhunderte bietet. Hier ist zu erfahren, dass das Dorf zwar erstmals im Jahr 811 urkundlich erwähnt wurde, archäologische Funde – unter anderem ein Einbaum und ein Pfahlrost – aber belegen, dass da schon viel früher gehaust wurde: in der Jungsteinzeit am Wasser, später auf dem Land. An Bedeutung gewonnen hat der Ort zur Römerzeit, als um 270 n. Chr. die nördliche Staatsgrenze des Imperium Romanum gegen die einfallenden Alamannen mit dem Bau des Wehrkastells gesichert werden sollte, dessen Besuch wir uns für den Rückweg über Irgenhausen aufsparen. Im frühen Mittelalter hatten im bewegten Auf und Ab der Geschichte bald Adlige, bald Kleriker das Sagen in Pfäffikon. Darauf deutet auch die Etymologie des Ortsnamens, der sich von Faffinchova herleitet: den Höfen der Leute der Pfaffen, und zwar derjenigen von St. Gallen. Mit dem Ende der habsburgischen Herrschaft fiel der Flecken im Jahr 1424 durch Verpfändung an die Stadt Zürich und wurde 400 Jahre später zum Bezirkshauptort. Eine wichtige Rolle spielte Pfäffikon 1839 im Züriputsch: Über 1000 Mann mobilisierte da der Pfäffiker Pfarrer Bernhard Hirzel, um gegen die Kantonshaupt-

stadt zu ziehen. Ausgelöst wurde die blutige Opposition der Landschaft gegen die liberale Zürcher Regierung durch die Berufung eines radikal-aufklärerischen württembergischen Theologen an die Universität. Und sie endete mit der Erstarkung des konservativen Lagers.

Heute ist die «Perle am See», wie die Website die Fast-Stadt mit 9700 Einwohnerinnen und Einwohnern vollmundig nennt, eine typische Agglomerationsgemeinde am Tor zum Zürcher Oberland. Wie stark sie mit ihrem See, der wirklich eine Perle ist, verbunden ist, zeigt etwa das alljährliche Forellenfest. In einer gigantischen Fischpfanne werden in einer lauen Sommernacht im Freien 2800 Forellen zubereitet – die wohl nicht alle aus dem 3,3 Quadratkilometer grossen und 36 Meter tiefen Gewässer stammen dürften. Was der Feststimmung jedoch nicht den geringsten Abbruch tut.

Gegenwärtig sieht es weniger nach Fischmenü als vielmehr – wenn schon – nach Entenbraten aus: Schwärme von Enten und Blässhühnern watscheln, streiten und dösen auf den Eisschollen, die zurzeit die Pfäffiker Bucht bedecken. Von wegen Entenbraten – Entenmast wohl eher: Gierig schnabuliert das Federvieh das altbackene Brot und die Salatreste, die ihnen das Fussvolk bereitwillig hinwirft. Damit seis auch gleich gesagt: Die

Dem Federvieh auf dem Pfäffikersee ist das Alpenpanorama piepegal.

absolute Einsamkeit ist an den Ufern des Pfäffikersees nicht zu finden. Ein Umstand, der aber vom umwerfenden Panorama, das sich im Süden über der glitzernden Wasserfläche auftürmt, hinlänglich kompensiert wird. Gestochen scharf zacken sie den Horizont, die Glarner und Innerschweizer Alpen vom Piz Segnas über Vrenelisgärtli, Fulen, Aubrig, Tödi, Clariden, Scherhorn, Windgällen, Titlis, Wild- und Rautispitz bis hin zum flachen Pult der Rigi. Gewaltig!

Landwirt mit archäologischem Flair
Unsere Wanderung beginnt exakt beim putzigen Bootshäuschen an der Seepromenade; eingemottet wartet es auf wassersportlich ergiebigere Zeiten. Denn mit dem Eislaufen ists nichts. Das letzte Mal war der See im Winter 2002 zugefroren. Wir wenden uns nach rechts, obwohl die umgekehrte Richtung zum selben Ziel führen würde. Nachdem wir die kleine Bucht umschritten haben, stehen wir bereits vor einer ersten Schautafel. Sie stellt die archäologischen Grabungen des Wetziker Landwirts Jakob Messikommer (1828–1917) vor. Anlässlich der Absenkung des Sees und der Korrektion der Aa im Jahr 1858 fand der wissenschaftliche Autodidakt im Sumpfland von Robenhausen alte Pfähle, Arbeitsinstrumente, Pfeilspitzen, Tonscherben und sogar Gewebereste. Lange Zeit galt die Ansicht, dass sich diese Siedlungen als Pfahlbauten über dem Wasser befunden hätten. Neueren Erkenntnissen zufolge glaubt man, dass sie bloss dicht am Wasser standen. Doch seinen Gedenkstein im Robenhuserriet und den Ehrendoktor der Uni Zürich hat Messikommer allemal verdient.

Der Pfad führt nun durch die Weiden und Schilfbestände des Giwitzerriets. Immer wieder ist eine Schneise in den Schilfgürtel geschlagen, durch die ein schmaler Steg hinaus aufs Wasser führt; Anglerhorst für die Fischer, Aussichtspunkte für uns, um uns am Anblick der gleissenden Pracht über dem eisig blauen Spiegel zu berauschen. (Über die hässlichen Bauklötze von Wetzikon blicken wir grosszügig hinweg.) Vorbei am Talhof führt der Weg durch ein kleines Waldstück, wo mir das Wasser von den Zweigen in den Kragen tropft.

Wenig später erblicken wir über einem ausgedehnten Baumgarten mit Niederstammkulturen die Lanzette der Kirchturmspitze von Seegräben. Statt weiter am Seeufer zu bleiben, wählen wir den sanft ansteigenden Weg, der uns direkt nach Seegräben führt, das auf einem Moränenwall sitzt. Zusammen mit den beiden anderen Ortsteilen Aathal und Sack bildet

Seegräben Dorf mit 333 Hektaren die kleinste Gemeinde des Bezirks Hinwil. Während in Aathal die Moderne mit Verkehrsadern und Wohnsiedlungen Einzug gehalten hat, scheinen im Dorf, das auf eine Gutsbesitzung des Klosters Rüti zurückgehen soll, die Uhren langsamer zu ticken: eine Handvoll Häuser, unter denen der sechsgeschossige Lehenhof der Herrschaft Grüningen (vgl. Seite 19f.) mit dominierendem Satteldach und prächtigem Riegelwerk auffällt, sowie die Kirche mit dem spitzen Turm. Sie stammt allerdings erst von 1885, wie die Inschrift über dem Portal besagt. In absoluter Toplage mit Seeblick (!)

Kirche an Toplage mit Seeblick: Seegräben.

befindet sich der gestufte Friedhof. Auffallend das mächtige Wandrelief, eine Säerin darstellend, das der Zürcher Bildhauer Hermann Haller (1880–1950) im Auftrag des Textilbarons Fritz Streiff als gemeinschaftliche Grabplatte für die Verstorbenen geschaffen hat. Dessen 1901 gegründete Firma in Aathal stellte im März 2004 als letzte Garnspinnerei im Zürcher Oberland ihren Betrieb ein; der Marktanteil sei in letzter Zeit um ein Drittel eingebrochen, 100 Mitarbeitende verlieren ihre Stelle, hiess es im offiziellen Communiqué.

Über mangelnden Umsatz kann sich dagegen der Marronimann an der Schifflände Seegräben kaum beklagen; die Leute, angelockt vom unverkennbaren Duft, stehen Schlange vor seinen dampfenden Kesseln. Nach Seegräben biegt der Uferweg bald einmal nach links und schlägt sich quer durchs Robenhuserriet. Zwei kleine Tümpel, Überbleibsel der Absenkung, sind im dichten Schilfwald kaum zu erkennen, zugefroren und schneebedeckt, wie sie zurzeit sind. Die Wintersonne malt geometrische, bläulichschwarze Grafiken auf die Schneefelder zwischen dem Röhricht. Eine graziöse Birkengruppe evoziert russische Impressionen. Und über den Staubwedeln des Schilfwalls schweift der Blick nochmals zurück zur dörflichen Idylle. Als urbaner Mensch möchte ich zwar nicht unbedingt dort leben. Übers Begrabensein aber liesse sich durchaus reden.

Modernes Freibad und prähistorischer Rastplatz

Ein Steg über den Aabach macht die merkwürdigen Abflussverhältnisse des Pfäffikersees augenfällig. Die Aa verlässt den See eben nicht, wie man erwarten würde, am gegenüberliegenden Nordende. Weil dort eine Moräne den Ausfluss verhindert, verlässt der von Süden einmündende Aabach den See wiederum in südlicher Richtung, wenn auch etwas weiter westwärts. Erst dann wendet sich das Rinnsal nach Norden, um via Aathal und Uster den Greifensee zu erreichen.

Beim Schwimmbad Auslikon steigen uns erneut verführerische Düfte in die rote Nase. Bratwürste sinds diesmal, welche die Schlange vor der Barackenbeiz ausgelöst haben. Weil wir uns nicht anstellen mögen, stiefeln wir weiter; ein Stück die Aa oder den Chämterbach, wie sie hier heisst, entlang, dann an einer Christbaumkultur vorbei weiter Richtung Pfäffikon.

Beim Ötschbüel (Punkt 559.3) stossen wir wieder auf eine Informationstafel. Sie besagt, dass sich hier ein prähistorischer Rastplatz aus der Zeit zwischen 9000 und 5500 v. Chr. befand. Splitter von Waffen und Geräten aus Silex (Feuerstein) beweisen, dass nomadisierende Jäger und Sammler der Mittelsteinzeit auf ihrer Suche nach Ess- und Jagdbarem da Halt machten. Solche Fundstellen liegen offenbar ringförmig um den Pfäffiker- wie auch um den benachbarten Greifensee und gelten als früheste Zeugnisse menschlicher Gegenwart im Zürcher Oberland.

Frierende Römer?

Damit verglichen katapultiert uns der nächste Kulturstopp geradezu in die Neuzeit, und ich meine damit noch nicht einmal die bunte S-Bahn, die eben hinter der kleinen Anhöhe vorbeifährt. Es geht um das bereits erwähnte römische Kastell oder besser: was davon übrig geblieben ist. Denn nach dem Rückzug der römischen Truppen um 400 hatte man sich für Bauten in der Gegend locker aus dem antiken «Steinbruch» bedient. Um die letzten Relikte zu erhalten, erwarb die Antiquarische Gesellschaft Zürich 1898 das Gelände und führte bis 1907 archäologische Untersuchungen durch. Gleichzeitig wurden die Steinmauern mit dem schönen Ährenverbund restauriert. Die imposante quadratische Anlage aus dem 3. Jahrhundert hat 60 Meter Seitenlänge, vier Ecktürme und drei Mitteltürme an der Nord-, West- und Südfront; Letzterer wohl als Torturm benutzt. Ausgrabungen legten sogar die Unterbodenheizung eines noch älteren römischen Gutshofs aus dem 1. Jahrhundert frei. Zweifellos sollte die Wehrburg die Via militaris

Die Wintersonne macht aus dem Schilfwald eine abstrakte Grafik.

von Kempraten über Winterthur an den Bodensee sichern. Eigenartigerweise aber taucht sie nirgendwo in den römischen Schriften auf. Weder ihr Name noch das Truppenkontingent, das hier stationiert war, ist bekannt. Gefunden wurden lediglich zwei römische Münzen mit dem Kopf des Kaisers Valentinianus (321–365). So bleibt es unserer Fantasie überlassen, uns den frustrierten Legionär in der Provincia Raetia vorzustellen, wie er sich an einem kalten Wintertag wie dem heutigen heimträumte ins Land, wo die Zitronen blühen – hinter dem eisigen Firnschild am Horizont. Lebte er noch, hätte sich der Lateiner als Kinderfreund zumindest an den vielen Bambini gefreut, welche die Burgplattform mit soldatesken Schneemännern bevölkern und auf ihren Plastikrodeln den Burghügel hinunterrutschen.

Vom Römerkastell sind es nur noch ein paar Hundert Meter zurück an den Dorfrand von Pfäffikon. Am verwaisten Strandbad entlang erreichen wir wieder die Seepromenade, wo ein klobiges Denkmal steht: unbekannter Fischer mit gigantischem Fang. Dass die Jünger Petri die Grösse ihrer Beute generell übertreiben, weiss man ja. Und es wird in Pfäffikon nicht anders sein als sonstwo!

4 Auf Industrie reimt Nostalgie

Von Bauma übers Rosinli nach Wetzikon

Route	Bauma–Silisegg–Hermetschwändi–Neuthal–Lättenweid–Känzeli–(Stoffel)–Zisetsriet–Grabenriet–Grossriet–Pulten–Ebnerberg–Rosinli–Adetswil–Tobel–Kemptner Tobel–Kempten
Anreise	S 5 oder S 14 (☐ 740) von Zürich nach Wetzikon und VZO-Bus 850 (☐ 800.850) von Wetzikon nach Bauma Oder SBB bzw. S 7, S 8, S 12 (☐ 750) von Zürich nach Winterthur und S 26 (☐ 754) von Winterthur nach Bauma
Rückreise	VZO-Bus 850, 851, 855 von Kempten nach Wetzikon und (☐ 800.859/855) und S 5 oder S 14 (☐ 740) von Wetzikon nach Zürich
Wanderzeit	3½ Stunden
Karten	Landeskarte 1:25 000, Blätter 1093 «Hörnli» und 1092 «Uster»
Gaststätten	Bauma, Rosinli, Adetswil, Kempten, Wetzikon
Besonderes	Fahrten mit den Nostalgiezügen des DVZO (☐ 742, 1. und 3. Sonntag der Monate Mai bis Oktober, www.dvzo.ch) Fabrikareal Neuthal (www.industrieensemble.ch) Aussichtspunkt Rosinli mit Spielplatz und Rutschbahn Turbinentürme im Kemptner Tobel

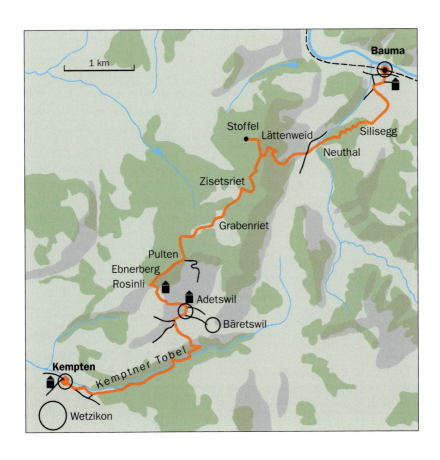

Ruhestätte eines unruhigen Geistes

Vom Bahnhof Bauma oder von der Bushaltestelle Dorfmitti, die, wie der Name besagt, auch da liegt, sind es nur ein paar Schritte zum etwas höher gelegenen Friedhof. Zugegeben, ein eher ungewohnter Ausgangspunkt für eine Wanderung! Doch der Start an diesem Ort hat seinen Grund: Hier findet sich ein bisschen abseits der anderen Gräber das pompöse Grabmal von Adolf Guyer-Zeller (1839–1899). Streng und ernst blickt das Halbreliefporträt des Verstorbenen aus der dunklen Bronzeplatte auf den Besucher herab. Weisser Marmor, Säulen, ein antikisierender Tempelgiebel stilisieren das Grab zum klassizistischen Mausoleum empor, beidseits flankiert von zwei dunklen, konisch geschnittenen Eiben und im Halbkreis angeordneten weiteren Grabplatten der Familienmitglieder. Im Vordergrund schafft eine steinerne Balustrade die gebührende Distanz zum Fussvolk der andern Toten, darunter wohl auch die Arbeiterinnen und Arbeiter, die ihn, den Textil- und Bahntycoon, reich gemacht haben. Risikofreudigkeit, Wissensdurst und Interesse an vielem hatten den jungen Guyer, Sohn eines Spinnereibesitzers, schon früh ausgezeichnet. In Ägypten besichtigte er den Bau des Suezkanals, auf Kuba und in den Südstaaten die Baumwollplantagen, in Italien traf er Garibaldi. Frankreich und England waren weitere Reise-

Pompöses Memorial für den Erbauer der Jungfraubahn, Adolf Guyer-Zeller.

ziele. Nach dem Tod seines Vaters baute er das Textilunternehmen aus; Zeuge davon ist die kompakte Fabrikanlage in Neuthal, die das erste Ziel unseres Ausflugs zurück in die Gründerzeit und in die Pionierzeit der Eisenbahn sein soll. Denn das Zürcher Oberland gehört, dank seiner Nähe zu den Metropolen Zürich und Winterthur und vor allem dank der Kraft seiner Wasser im abschüssigen Gebiet, zu den frühesten Industrieregionen der Schweiz, vergleichbar etwa dem Glarnerland.

Entlang der Friedhofmauer führt unser Weg unter einem mächtigen Eisenbahnviadukt aus riesigen Steinquadern bergwärts. Auch dies ein Werk, das auf die Initiative Guyers zurückgeht, der sich mit der ihm eigenen Hartnäckigkeit ab den 1860er-Jahren um eine Konzession für eine Bahnlinie von Uerikon nach Bauma bemühte, um seinem Imperium den Anschluss an das im Entstehen begriffene schweizerische Eisenbahnnetz zu sichern. Die Streckenführung über Bäretswil und Neuthal sollte seine Fabrik mit dem Rest der Welt verbinden. Vater Guyer musste um 1830 die neusten Textilmaschinen made in England von Basel via Winterthur noch mit Ross und Wagen durchs ausgetrocknete Bachbett der Töss schleppen lassen. 1895 wurde die Eisenbahnkonzession endlich erteilt und 1899, zwei Monate nach Adolf Guyers Tod, mit dem Bau begonnen.

1901 rumpelt der erste Dampfzug über die Schienen, macht auf dem Viadukt einen pietätvollen Gedenkhalt und lässt einen schrillen Pfiff ertönen. Doch bald zeigt es sich, dass die Uerikon-Bauma-Bahn (UeBB) nicht rentiert; «Ueberbei-Bahn» nennt sie das Volk spöttisch. Zwar wird 1947 noch das Teilstück Bauma–Hinwil elektrifiziert und von den SBB übernommen; die UeBB selbst verkehrt nur noch zwischen Uerikon und Hinwil. Doch bereits ein Jahr später kommt das Aus. Rollmaterial und Gleise werden für 10 Franken pro Laufmeter verscherbelt, die stillgelegten Streckenstücke mit Bussen bedient. 1969 wird der Personenverkehr auf dem elektrifizierten Teilstück zwischen Hinwil und Bauma eingestellt und ebenfalls mit Bussen abgewickelt; der verbleibende Schienenstrang dient noch bis 1972 dem Gütertransport. Gleichzeitig konstituiert sich der Dampfbahnverein Zürcher Oberland (DVZO), der ab 1978 diese Rumpfstrecke von knapp 5,5 Kilometern in den Sommermonaten mit Nostalgiezügen befährt (s. Seite 34).

Ein anderes Eisenbahnprojekt Guyers dagegen hat ihn höchst erfolgreich überlebt: Auf einer Wanderung mit seiner Tochter aufs Schilthorn soll ihm die Idee gekommen sein, eine Bahn von der Kleinen Scheidegg hinauf in die Eiswüste der Jungfrau zu führen. 1894 hatte er eine entsprechende Konzession in der Tasche, und zwei Jahre später begann man mit dem Bau. Aber auch dieses Projekt sollte er nicht bis zur Vollendung erleben. Knapp einen Monat vor seinem Tod hatte man den Stollen bis zur Station Eigerwand vorangetrieben, 1912 schliesslich konnte die Bahn bis zum Joch eröffnet werden. Nach Guyers Plänen hätte sie gar bis zum Gipfel geführt werden sollen. Kriege, Wirtschaftskrisen, Landschaftsschutz und wohl auch das Fehlen eines – je nach Optik – Visionärs oder Spinners wie Adolf Guyer-Zeller liessen das Vorhaben für immer in der Schublade verschwinden.

Sein Name ist omnipräsent

Im oberen Tösstal aber ist Guyers Name allgegenwärtig; ein Wanderwegnetz von rund 40 Kilometern und 7 Routen entstand auf seine Initiative. In seinen spärlichen Ruhepausen soll er gern durchs Tössbergland gestreift sein. Mit seinen Wanderwegen wollte er aber auch seine Spinnereiarbeiter zum ertüchtigenden Wandern anhalten, gleichzeitig war das Anlegen der Wege ein Mittel, die Belegschaft in flauen Zeiten zu beschäftigen. Und ebenso, wie ihm Müssiggang zuwider war, waren Hindernisse dazu da, überwunden zu werden. So machte er denn bei der Landnahme für die Wanderwege nicht viel Federlesens, verhandelte nicht lange mit den Bauern, sondern drückte ihnen einfach eine kleine Abfindung in die Hand und legte die Wege genau dort an, wo er es in seinem Dickschädel geplant hatte.

Wir folgen der leicht ansteigenden Siliseggstrasse und kommen auf der Anhöhe bereits zum ersten Wanderweg, der seinen Namen trägt. Zwischen den Häusern des Gehöfts auf Silisegg zweigt der Weg im rechten Winkel von der Fahrstrasse ab, führt nach rechts zuerst über Wiesland und gewinnt dann den Wald. Tiefe Rinnen durchfurchen den Gebirgssockel immer wieder, imposante Giessen und kleinere Rinnsale streben dem Hauptfluss des Tobels, dem Wissenbach, zu. Mit zum Teil aufwändigen Treppen, Stegen und Brücken überwindet der Guyer-Zeller-Weg sämtliche Hindernisse – was sich einem in den Weg stellt, ist da, um überwunden zu werden. Anschaulicher hätte die guyersche Devise nicht in die Tat umgesetzt werden können: «Volere è potere», Wollen ist Können, werden wir später im Wohnhaus von Neuthal lesen können.

Das Herz des Imperiums

Wir überqueren das schlafende Bahngleis und stehen vor einem zinnenbekrönten Turm: kein Wehr-, sondern ein Turbinenturm, die älteste funktionstüchtige Anlage dieser Art. Guyer-Zeller liess sie 1879 errichten, um keinen Tropfen der Wasserkraft ungenutzt talwärts rauschen zu lassen. Eine waagrecht liegende Girardturbine, die bis 1940 in Betrieb war, lässt über ein Winkelgetriebe ein Schwungrad in der Turmfassade rotieren. Ein Drahtseil, das über einen Zwischenmast führt, überträgt die Kraft hinauf ins Fabrikgebäude, wo die Spinnereimaschinen standen und das heute als Museum eingerichtet ist. Wir folgen dem Drahtseil, bis es in den senkrechten Schlitzen der balustergeschmückten Gartenterrasse verschwindet, und gelangen durch Farn und Buschwerk hinauf ins eigentliche Fabrikareal: zuerst auf die bemooste Plattform der unteren Gartenanlage mit Rondell, Weiher und Springbrunnen und dann zum erwähnten Spinnereihaus, dem heutigen Textilmuseum. Rechts davon stehen die mit einem Glockentürmchen bekrönte Fabrikantenvilla, die als Sommerresidenz diente, und daneben ein Ökonomiegebäude. Wir gehen zwischen Fabrik und Wohnhaus hindurch und befinden uns nun im Herzen der weitläufigen Anlage. Würden uns kaum wundern, wenn der gestrenge Herr Patron in Vatermörder, gestärkter Hemdbrust und Nickelbrille um die Hausecke böge. Stattdessen latschen ein paar Jugendliche in Schlabberjeans über den Platz und hinauf zur Grotte im oberen Park: Das Anwesen dient heute auch als Wohn- und Arbeitsheim für verhaltensauffällige Junge.

Linker Hand liegt ein grosser Pferdestall mit einer schmiedeeisernen Veranda und schräg gegenüber die betriebsinterne Schlosserei, eigenartigerweise gestaltet als pinkfarbene Kapelle: Kultstätte der gründerzeitlichen Götter Industria und Kommerz? An der Südwestfront des Spinnereihauses befand sich das Radhaus, wo das Wasser aus den weit oben am Hang gelegenen Fabrikweihern über suonenartige Kännel auf zwei übereinander liegende Antriebsräder geleitet wurde, die ihrerseits über Riemen und Wellen die Spinnmaschinen in Gang setzten. Um 1870 liess Guyer-Zeller das Wasser in Druckstollen

Das Transmissionsrad bringt Wasserkraft auf Spinnmaschine und Webstuhl.

fassen und über zwei Girardturbinen leiten, die 1932 durch zwei modernere vom Typ Francis ersetzt wurden. Hoch über dem Areal wiederum der Bahnviadukt: Fortschritt, Wohlstand, Bürgerfleiss und Unternehmergeist, wohin man blickt – und doch stand die ganze Herrlichkeit 1964 endgültig still.

Aussicht grandios, aber nicht garantiert
Bevor wir jetzt ins Philosophieren geraten, nehmen wir den Weg unter die Füsse. Wir folgen den gelben Markierungen, die uns, vorbei an der ehemaligen Mühle Müedsbach und dem untersten Staubecken, hinauf zur Kantonsstrasse führen. Nachdem wir diese überquert haben, beginnt der gemächliche Anstieg auf den Stoffel. Der gut markierte, teilweise mit Treppen befestigte Guyer-Zeller-Weg, der ab und zu zwischen den Stämmen den Blick auf die Industrieanlage freigibt, bringt uns über Lättenweid in gut drei viertel Stunden aufs Känzeli. Von dort gehts in fünf Minuten hinauf zur Kuppe des Stoffels (928 m ü. M.), ein kurzer Umweg, der sich nicht unbedingt lohnt, da die Bäume rundum die Aussicht verwehren. Vom Känzeli aus wenden wir uns südwärts und kommen ins Zisetsried. Zusammen mit dem Graben- und dem Grossriet bildet es mit seinen Riedwiesen und Waldpartien eine reizvolle Parklandschaft, die mit den hohen Tannenbeständen mitunter fast an den Jura erinnert. Über Pulten führt der bequeme Weg in kaum merklichem Anstieg auf den flachen Buckel des Ebnerbergs, der seinen Namen zu Recht trägt. Das viele Fallholz erinnert an den Sturm Lothar vom Dezember 1999. Jenseits der gelichteten Anhöhe gleisst der Pfäffikersee.

In wenigen Minuten stehen wir auf der Aussichtsterrasse des Bergrestaurants Rosinli, wo allerlei Spielgerät – von der Rutschbahn (35 Meter!) bis zum Tischfussball – für die Kleinen und nicht mehr so ganz Kleinen bereitsteht, an diesem Wochentag aber ungenutzt vor sich hin döst. Dafür ist die Aussicht umso prächtiger, falls nicht – wie heute – die hochsommerliche Dunstglocke die Sicht auf die Zürcher Seenlandschaft trübt und den Blick auf die Alpen – vom Mürtschenstock bis ins Berner Oberland – im blauen Dunst neutralisiert, weshalb wir unsere Aufmerksamkeit zur Hauptsache dem Most zuwenden. Wir rätseln noch über den Namen der beliebten Ausflugsbeiz, die laut Angebotskarte auch für ihre Country Nights bekannt ist; eine scheppernde Kostprobe liefert der Sound, der aus den Lautsprechern quillt – zu viel naturhafte Stille scheint offenbar nicht gefragt. Schliesslich

Der Pfäffikersee – Naturparadies für Wander- und richtige Vögel.

erfahren wir von der Bedienung, dass weder Winzer noch Kuchenbäcker bei der Namensgebung im Spiel waren. Schlicht und einfach: Eine frühere Wirtin soll Rosine geheissen haben – cherchez la femme!

Goldene Zeiten am Aabach

Ein kurzer Abstieg durch den Wald und danach ein Stück weit auf einer Fahrstrasse bringen uns nach Adetswil, einer typischen Agglo-Gemeinde. Über die Brüglenstrasse erreichen wir das Dorfzentrum, von wo wir kurz der Kemptner Strasse folgen und dann bei der grossen Verzweigung nach links in die Tobelstrasse einbiegen. Hinter dem Fabrikgebäude der Gutta-Werke, die Bitumenabdeckungen herstellen, gelangen wir wieder auf einen Wanderweg, der in einer Haarnadelkurve ins Kemptner Tobel hinuntersticht. Jetzt führt der Weg, mal links, mal rechts den Aabach entlang. Im Volksmund wurde dieser rund 10 Kilometer lange Wasserlauf ebenso respektvoll wie spöttisch Millionenbach genannt, standen doch da zu Beginn des 20. Jahrhunderts, in der Blütezeit der Textilindustrie, 30 Unternehmen, an denen sich die Fabrikherren wie Guyer, Kunz, Staub, Streiff eine goldene Nase verdienten. Die letzte Spinnerei – die Streiff AG in

Einst Industriegebiet, heute Tobelromantik.

Aathal – machte im März 2004 dicht (vgl. Seite 31), und seither führt der Aabach wieder gewöhnliches H_2O zu Tal.

Zeugen jener prosperierenden Zeit finden sich aber im Kemptner Tobel noch immer: Hier im engen Tal war zwar Wasserkraft zur Genüge vorhanden, grosse Giessen erhöhten sogar die Kraftnutzung. Was fehlte, war der Platz, um eine Fabrik hinzustellen. So wurden Turbinentürme errichtet, welche die Wasserkraft mechanisch – Elektrogeneratoren werden erst ab etwa 1920 eingesetzt – über Turbinen, Transmissionsriemen, Drahtseile und, wenn nötig, Zwischenstationen mit Seilrädern auf die eigentlichen Antriebsräder leiteten, welche ihrerseits die Webstühle und Zwirnmaschinen in den Fabriken auf den Talschultern über grosse Wellen in Gang setzten. Zwei dieser Türme sind heute noch zu sehen, von denen der eine aber gar nie im Betrieb war, weil offenbar das Geld für die zugehörige Fabrik ausgegangen war.

Zu sehen ist auch ein ehemaliger Fabrikweiher, der dazu diente, den Wasserfluss konstant zu halten, heute bloss noch ein romantischer Rastpunkt im Abstieg durchs Tobel. Der Tobelweg, ein Lehrpfad, der sich neben der frühen Industrialisierung auch mit Tierwelt, Wasser, Vegetation und Geologie befasst, endet wiederum bei einem teilweise stillgelegten Fabrikgebäude, das sich bereits auf Wetziker Boden befindet. Und dann sind es nur noch wenige Schritte bis zur Haltestelle Talhof. Hier entschliessen wir uns, den Ortsbus zum Bahnhof zu besteigen, denn die Wetziker Bahnhofstrasse sei die längste von ganz Europa.

Stillgelegte Fabrikweiher und wucherndes Grün.

5 Vor lauter Bauma nach Wald gehen

Von Bauma über den Bachtel nach Wald

Route	Bauma–Wolfsberg–Sunnenhof–Ghöchweid–Ghöch–Ferenwaltsberg–Bank–Stüssel–Täuferhöhle–Allmen–Hörnli–Egg–Altenwald–Bachtel–Tänler–Wald
Anreise	S 5 oder S 14 (□ 740) von Zürich nach Wetzikon und VZO-Bus 850 (□ 800.850) von Wetzikon nach Bauma Oder SBB bzw. S 7, S 8, S 12 (□ 750) von Zürich nach Winterthur und S 26 (□ 754) von Winterthur nach Bauma
Rückreise	S 26 oder S 43 (□ 754) von Wald nach Rüti bzw. nach Rapperswil und S 5 (□ 740) von Rüti nach Zürich bzw. S 7 (□ 730) von Rapperswil nach Zürich
Wanderzeit	4¾ Stunden
Karten	Landeskarte 1:25 000, Blätter 1093 «Hörnli» und 1113 «Ricken»
Gaststätten	Bauma, Sunnenhof, Ghöch (Bäretswil), Bachtel, Tänler, Wald
Besonderes	Fahrten mit den Nostalgiezügen des DVZO (□ 742, 1. und 3. Sonntag der Monate Mai bis Oktober, www.dvzo.ch) Flarzhaus Freddi in Bauma-Undalen (www.industrielehrpfad-zo.ch), Tel. 052 397 10 25) Täuferhöhle Bachtel: Aussichtsturm, Kinderspielplatz

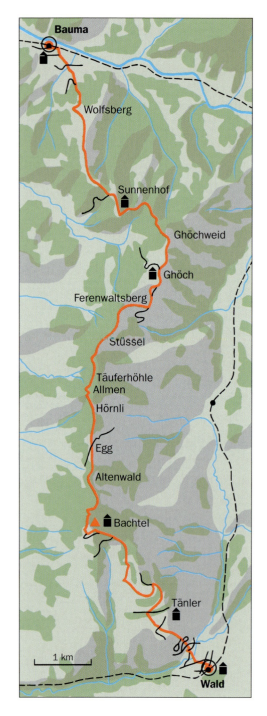
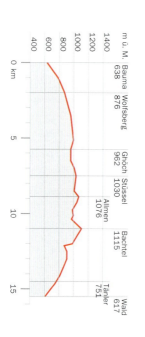

Bäume, Burg und tosende Wasser
Alle Zürcher Schulreisen führen auf den Bachtel. Nur meine Lehrerinnen hatten aus unerfindlichen Gründen nie den bekannten Berg als Wanderziel erkoren. Weshalb meine Primarschulkarriere ohne Bachtelbesteigung endete. Das musste irgendwann korrigiert werden. «Am Wägwiser werweise mer, wele wäg – wer weiss hüt scho, wohi – sit der zwäg – mir gö einewäg.» So dichtete einst der Berner Mundartpoet Ernst Eggimann (*1936), und das kommt mir in den Sinn, als wir den Wegweiser auf dem Bahnhofplatz in Bauma studieren: Hörnli, Fischingen, Schindlet, Stoffel, Schlossberg, Seewadel sowie Ghöch–Bachtel – an die vierzig Wanderziele sind da aufgelistet. Zum Glück wissen wir, wohin. Und «zwäg» sind wir sowieso.

Bevor es losgeht, noch ein paar Worte zum Startpunkt: Bauma, 638 m ü. M., ist mit einer Fläche von knapp 21 Quadratkilometern eine der grössten Gemeinden des Kantons Zürich. Aus römischer Zeit fehlen schriftliche Hinweise; aus alamannischer Zeit (8. Jahrhundert) stammen die Aussenwachten, die auf den sicheren, sonnigen Anhöhen, fernab des «tosenden» Flusses, der Töss, liegen. Um 1200 wurde Burg Alt Landenberg auf dem bereits nach 800 als Lentinperc bezeichneten Hügel erbaut. Ihre Ruine, zwischen 1958 und 1963 freigelegt, liegt nördlich des Dorfes weit sichtbar auf einem Ausläufer des Ragenhorns. Die letzten Landenberger, Vater Rudolf und Sohn Pantaleon, kamen 1315 in der Schlacht bei Morgarten ums Leben, wo sie auf Seite der Habsburger kämpften. Die zerfallende Burg ging hierauf als Erblehen an die Abtei St. Gallen zurück. 1549 kam das Lehensgebiet über verschiedene Besitzer an die Stadt Zürich, die seit dem 14., vor allem aber im 15. Jahrhundert ihr Territorium meist durch Kauf kontinuierlich ausgebaut hatte und sich dabei ziemlich feudalistisch gebärdete. So gab es zu diesem Zeitpunkt 28 Vogteien, die in so genannte Innere Vogteien und Landvogteien unterteilt waren und in Amtsperioden von sechs Jahren von städtischen Ratsmitgliedern, den «Gnädigen Herren», verwaltet wurden – zum Teil mit eiserner Faust und hohler Hand, wie man sich denken kann. Bauma gehörte damals zur flächenmässig grössten Landvogtei Kyburg.

Der letzte Inhaber von Alt Landenberg, ein Hans Rüegg, soll sich 1651 anerboten haben, die «trefflich guten Tugsteine» der Burgruine an den Bau einer Kirche beizusteuern – für eine Siedlung, notabene, die lediglich aus vier Gehöften bestand. Damit galten die bereits 1468 als «Boumen» erstmals urkundlich erwähnten «Höfe bei den Bäumen» zwar als Kirchsprengel, doch zur politischen «Munizipalität» wurden sie erst nach 1798 mit dem Zerfall der Alten Ordnung. Bis dahin waren der Pfarrer und sein Stillstand als verlängerter Arm der herrschenden Stadt Zürich für Religion, Schulen, Fürsorge, für Sitten und Moral, ja selbst fürs Strassenwesen zuständig gewesen. Von 1798 bis 1803 gehörte Bauma zum helvetischen Distrikt Fehraltorf, anschliessend bis 1814 zum Mediationsbezirk Uster, bis 1831 zum Oberamt Kyburg und seither zum Bezirk Pfäffikon. 1786 legte eine Feuersbrunst sieben Anwesen des Dorfes in Schutt und Asche. Wiederholt wüteten auch Hungersnöte, besonders schlimm in den Jahren 1770/72 und wegen der extrem nassen und kalten Witterung 1816/17, als 156 Einwohner an Schwäche starben. Bis zur Korrektion der Töss im 19. Jahrhundert besass der Fluss keinen festen Lauf, er überschwemmte und verwüstete bei Hochwasser jeweils die ganze Talbreite, so vor allem im Jahr 1876, als das ganze Dorf unter Wasser stand und das ein Jahr zuvor erstellte Trassee der Tösstalbahn schwer beschädigt wurde.

Abenteuer Schienenstrang

Bis 1820 gab es zwischen Winterthur und Bauma noch keine Brücke über die Töss, einzig primitive Schwemmstege verbanden die beiden Ufer. Mit dem Bau der Talstrasse zwischen Winterthur und Wald (1830–1840), welche die abenteuerliche, alte Rumpelstrasse im Bachbett der Töss ersetzte, begann verhältnismässig spät die verkehrstechnische Erschliessung des oberen Tösstals. Kaum war dieses Projekt unter Dach und Fach, packte das Eisenbahnfieber, das in der zweiten Hälfte des 19. Jahrhunderts landesweit grassierte, auch das Oberland. Der Bau der Strecke, die mit Gibswil (756 m ü. M.) immerhin die höchstgelegene SBB-Station des kantonalen Netzes aufweist, verdient ein paar Sätze. Schliesslich sollte hier nach der Vision liberaler Kreise – darunter namhafte Textilbarone – nichts weniger als ein Teilstück der nationalen Transitstrecke entstehen, die Waldshut via Winterthur, Tösstal, Uznach, Sargans mit Chur verbinden und von dort über die Bündnerpässe direkt nach Mailand führen würde. Die Konzessionserteilung durch die nationalen Räte ging 1870 schlank über die Bühne; mit den Finanzen und der Realisierung dagegen harzte es, beanspruchte doch jedes Kaff an der Strecke im Wortsinn ein Sonderzügli. Der Fischenthaler Fabrikant Johannes Schoch (1798–1890) zum Beispiel, der es in Mailand zu Reichtum gebracht hatte und die Verlängerung der Strecke bis Wald vorantrieb, verlangte als Gegenleistung, dass der Zug jederzeit und überall dort

Mit Dampfkraft zurück in die Gründerzeit.

anhalten müsse, wo er auszusteigen geruhe. Das dann doch nicht! – aber immerhin trug später eine der drei Loks seinen Namen.

1871 kam es endlich zur Gründerversammlung der «Tössthal-Bahn-Gesellschaft», und im Juli des Folgejahrs wurde der Bau zwischen Winterthur-Grüze und Bauma in Angriff genommen. Für die Mitbenützung der Gleise nach Winterthur und die Einfahrt in den dortigen Bahnhof musste jährlich die happige Summe von 50 000 Franken an die Inhaberin, die Nordostbahn, hingeblättert werden. Dennoch: Im Mai 1875 dampfte der erste Zug von Winterthur nach Bauma und ein Jahr darauf bis nach Wald. Dreimal täglich und – lange vor dem S-Bahn-Zeitalter – mit zweistöckigen Waggons! Für Fassbier, Eis und verderbliche Lebensmittel wurde ein Sondertarif veranschlagt. Als sich dann 1902 verschiedene Bahnen zu den SBB vereinten, war die Verstaatlichung auch im Tösstal ein Thema, zumal die Dividenden nicht so flossen, wie es sich die Investoren erhofft hatten. Zusammen mit der Wald-Rüti-Bahn wurde die T.T.B. 1917 ins nationale Netz eingebunden. Der kriegsbedingte Mangel an Kohle beschleunigte die Elektrifizierung der Strecke Wald–Rüti (1944); zwischen Winterthur und

Bauma verkehrten die Züge erst ab 1951 mit Strom, und seit 1990 gehört die Strecke ins Netz der S-Bahn, ergänzt durch den Shuttle der S 24, was den nahtlosen Stundentakt zur S 5 Richtung Wetzikon bzw. Rapperswil sichert. Da sind wir der Zeitgeschichte aber zackig davongebraust: Zurück ins 18. Jahrhundert, als man sich mit der häuslichen Garnspinnerei, der Köhlerei – worauf verschiedene Flurbezeichnungen wie Choltobel, Cholwis hinweisen – sowie der Weissküferei – was der Gegend, woher die Kellen, Löffel, Wäscheklammern und Fassspunten kamen, die Bezeichnung «Chelleland» eintrug – einen kleinen Zusatzverdienst verschaffte. Im folgenden Jahrhundert ging dann, parallel zur beschriebenen Erschliessung durch die Bahn, ein eigentlicher Schub der industriellen Entwicklung durchs Land (vgl. Seite 37): 1827 gab es in der Gemeinde Bauma 776 Baumwollweber, davon 113 Kinder, 12 Leinenweber, 2 Seidenweber, 535 Spuler und 188 Seidenspinner. Hungerlöhne und 14-stündige Arbeitstage waren die Regel. 1989 wurden die letzten Textilbetriebe stillgelegt. Heute (2004) leben rund 4200 Menschen in Bauma. Ein landesweit bekannter Baumener war Emil Kägi (1899–1990) alias Schaggi Streuli, der als Polizist Wäckerli in einer Hörspielserie und in Filmen der 1950er-Jahre die schweizerischen Kardinaltugenden verkörperte: rechtschaffen, bieder, korrekt, bodenständig und ... etwas stur.

Alles unter einem Giebel
Eine Besonderheit der Gegend um Bauma und des Zürcher Oberlands sind die Flarzhäuser, bestehend aus mehreren einstöckigen Häusern, die sich unter einem flachen Tätschdach zu einem Ganzen vereinen. Sie waren die typische Behausung der Kleinbauern, Heimarbeiter und später der Fabrikler. Ihre Entstehung geht auf die Weide- und Holzrechte zurück, die an ein Haus gebunden waren und bei einem isolierten Neubau nicht hätten vererbt werden können. So baute man halt für den Sohn oder den Tochtermann links und rechts der «Urzelle» einfach einen weiteren Hausteil an, verlängerte den Giebel – und teilte die Gerechtigkeit, was sie natürlich auch zusammenschrumpfen liess. So zeugen denn die Flarze, die sich wie Spielzeugzüge die Strassen entlangziehen, von einem Leben am Rand des Existenzminimums zwischen Mistgabel und Webstuhl und Spinnrocken. Eine lange Fensterfront gegen Süden sollte möglichst viel Licht in die niedrige Stube holen, während die Küche in der Regel auf der Nordseite lag. Im oberen Stock befanden sich eine, zwei Kammern – das ganze Haus war

Abgeschottete Welt: ein Dach überm Kopf, ein Baum vor dem Haus.

beheizt durch einen einzigen Ofen, der seine Wärme durch eine Luke in den oberen Stock ausstrahlte. Ein eindrückliches Beispiel dieser bescheidenen «Husete» zeigt der Flarz an der Undelstrasse in Bauma-Saland. Im Haus Nr. 33 lebte bis zu ihrem Tod Rosa Freddi (1885–1978). Heute ist ihr Haus ein Museum, das mit seinen Habseligkeiten einen berührenden Einblick in den Alltag der Fabrikarbeiterin gibt: Waschzuber, Stabellen, Kommoden, ein Specksteinherd mit zwei Feuerstellen, Petrolrechaud zum Wärmen des Mahls in der kurzen Mittagspause, eine Bettstatt im Obergeschoss und viele Helgen, d. h. Heiligenbilder, denn Rosa als Tochter eines italienischen Immigranten war streng katholisch.

Bollito Bäretswil

Jetzt haben wir uns aber genug «vertörlet», wie die Oberländer Mundartdichter sagen würden. Wir folgen der Heinrich-Guyer-Strasse (Vater des berühmten Adolf), welche die Bahnlinie entlangführt, lassen die Autostrasse nach Sternenberg, das nicht nur die höchstgelegene Zürcher Gemeinde (auf knapp 900 m ü. M.), sondern unlängst auch zu filmischen Ehren gekommen ist, links liegen, bleiben auf unserer Strasse, die sich jetzt

Das «Chelleland»: einsame Gehöfte auf grünen Hügeln.

in einer weiten Rechtskurve von den Gleisen wegbewegt. Gublenstrasse, Wolfensbergstrasse, alles bestens markiert, vorbei an einer duftenden Bäckerei. Jetzt überschreiten wir doch noch ein Bahngleis, dasjenige der nur sporadisch betriebenen Uerikon-Bauma-Bahn (vgl. Seite 37). Bald verlieren sich die letzten Häuser. Über Bad erreichen wir das Gehöft Oberer Wolfsberg und steigen weiter bergan auf einem kaum befahrenen Teersträsschen. Auf dem Stattboden folgen wir der Markierung, die nach links zum Restaurant Sunnenhof weist. Der Landgasthof verschanzt sich hinter dem überquellenden Sommerflor, zeigt sich heute zugeknöpft. Nach einer markanten Linkskurve signalisieren die gelben Rhomben endlich das Ende der Teerstrasse. Durch einen Tannenforst erreichen wir über die Ghöchweid den dazugehörigen Weiler, wo sich das Restaurant Berg an der Passstrasse Bäretswil–Gibswil heute ebenso unzugänglich erweist, aber Reklame für «währschafte Zvieriplättli und italienische Spezialitäten» macht: Bollito Bäretswil? Rechter Hand vervollständigt ein Skilift hinauf zur Waltsberghöchi die Szenerie.

Zwischen den Bauernhäusern von Ferenwaltsberg zweigt der Weg nach rechts Richtung Stüssel und Allmen ab. Lapidar nennt sich eine Anhöhe Bank (1009 m ü. M.), und folgerichtig steht da auch eine Aussichtsbank mit

Blick aufs grüne Hügelmeer. Beim Frauenbrünneli, das seinen Namen von den karitativen Beginen herleitet, die hier hausten, teilt sich der Weg. Statt über den Grat den Gipfel des Allmen anzupeilen, wählen wir den Pfad, der die Westflanke entlang und zur Täuferhöhle führt. Solche Kavernen sind typisch fürs Zürcher Oberland mit seinen Molassegesteinen: Die weichen Mergel und Sandsteinschichten wurden durch das Sickerwasser ausgespült, die härteren Nagelfluhbänke blieben als überhängende Wände und Gubel bestehen. Die etwa zwanzig Meter breite und anfänglich drei Meter hohe Höhle am Allmen diente den Wiedertäufern des 16. Jahrhunderts als Refugium.

Fluchtstätten für Nonkonformisten
Das Täufertum entstand im Umfeld der frühen Reformation und des Bauernkriegs (1525). Beide Ereignisse sind insofern eng miteinander verknüpft, als es sich um eigentliche sozialrevolutionäre Bewegungen handelte, die nicht nur die ländliche Bevölkerung gegen die feudalistische Ordnung mit ihren Auswüchsen – Zinsen, Leibeigenschaft, Ablasswesen – aufmucken liessen, sondern auch die städtischen Kreise erfassten. Die Aufstandsbewegung der Täufer verbreitete sich innert kürzester Zeit über weite Gebiete zwischen Thüringen und Lothringen im Norden sowie Tirol und der Eidgenossenschaft im Süden. Das alte Machtgefüge – die Monopolstellung von Klerus und Adel – sollte einer egalitär-christlichen Gesellschaft weichen, wie sie auch die Reformation in ihrer zwinglianischen Ausprägung ansatzweise propagierte. Vor diesem Hintergrund wurde das Täufertum zum Sammelbecken von Gläubigen, denen die Bestrebungen Zwinglis (und Luthers) zur Wiederherstellung des «wahren Christentums» zu wenig weit gingen: Im Gegensatz zum Reformator propagierten sie eine Erneuerung der Kirche und ihrer Sakramente «von unten», d. h. ohne obrigkeitliche Gängelung, und gerieten mit diesem Radikalkurs auch prompt in Konflikt mit dem Rat. Sichtbares Zeichen dieses Konflikts war die Taufe, die nach Ansicht der Radikalen erst an auserwählten Erwachsenen vollzogen werden sollte, weshalb man sie Wiedertäufer oder Anabaptisten nannte.

Ihr kompromissloser Nonkonformismus, der den offiziellen Kirchgang, Steuern und Militärdienst ablehnte, setzte sie der Repression aus. 1525 erklärte der Zürcher Rat unter Zwingli und später unter Bullinger die Kindstaufe als schriftgemäss und obligatorisch. Zuwiderhandelnde wurden mit Kerker, Folter und Tod betraft. So wurde Felix Manz als erster Täuferführer (ca. 1500–1527) in der Limmat ertränkt, Hans Landis ereilte dasselbe Schicksal 1614 als Letzten. Es kam zu Verhaftungen von ganzen Sippen und Gemeinden. In abgelegenen Höhlen wie dieser hier am Allmen suchten sie sich der öffentlichen Verfolgung zu entziehen, was eine Metalltafel am Eingang erklärt. (Auch an der Schipfe in Zürich wurde im Sommer 2004 eine Gedenktafel an diese dunklen Seiten der Reformation angebracht.) Fünf der heute noch bestehenden vierzehn Täufergemeinden in der Schweiz leben in den jurassischen Freibergen, wo man ihnen unwirtliches Land zur Urbarmachung zugewiesen hatte. Die Bewegung der Amischen, initiiert durch den Simmentaler Jacob Amman (1644–ca.1730), geht auf die gleichen Wurzeln zurück. Ihre Erben sind die vor allem in Nordamerika ansässigen Mennoniten, eine weltweit rund eine Million Mitglieder zählende Freikirche.

Zürcher Rigi

Von der Täuferhöhle gelangen wir in steilem Aufstieg zum Allmen. Auf Egg, wo wir die Strasse von Wernetshausen nach Gibswil überqueren, markiert das Prachtexemplar einer solitären Buche den Pass. Direkt vor uns ragt der Bachtelturm ins Blau. Durch lichten Baumbestand gelangen wir in einer halben Stunde auf den «Bachtalberg», wie er ursprünglich in exakter Beschreibung der topografischen Situation genannt wurde. Als Wanderziel und Touristenattraktion entdeckte man den aussichtsreichen Gipfel (1115 m ü. M.) erst um 1850. Erste bescheidene Trinkhütten gehen auf die Jahre 1854 und 1856 zurück. Preiskegler, Schützen und Sänger, ab 1914 auch Skifahrer suchten den exponierten «Hoger» gerne auf. Ein erster, hölzerner Turm wurde von einem Sturm zerstört (1890): Der zweite, eiserne wurde drei Jahre später errichtet und 1992 auf den Pfannenstiel disloziert (vgl.Seite 14). Die jetzige, 65 Meter hohe Metallkonstruktion wurde 1986 von den

UKW-Telecom-Turm für guten Empfang und spektakuläre Rundsicht.

Aus der bescheidenen Trinkhütte wurde ein beliebtes Ausflugsrestaurant: Bachtel.

damaligen PTT als UKW-Sendestation gebaut; 166 gewendelte Stufen führen auf die Plattform auf 30 Meter Höhe, die eine atemberaubende Rundsicht vom Randen bis zum Randen bietet: Die Rigi des Zürcher Oberlands verdient ihren Namen.

Nachdem wir der Aufforderung des musengeküssten Wirts gebührlich Tribut geleistet haben – «Ob gross ob chli, ob Frau ob Ma, alli sind willkomme da!» –, nehmen wir den Abstieg unter die Füsse. Über sanfte Geländeterrassen folgen wir einem ausgesprochen angenehmen Waldpfad und gelangen stufenweise talwärts. Der Tänler, wo eine leicht vergammelte Alternativbeiz steht, bietet nochmals einen Ausguck. Dann gelangen wir über den Ortsteil Feisterbach und vorbei am Krankenheim in den Talkessel von Wald. Auch hier wieder umgenutzte Fabrikbrachen, die modernen Bedürfnissen wie Wohnen, Shoppen und Kultur dienen. Auch die Kleiderständer und Wühltröge auf dem Gehsteig am Weg zum Bahnhof machens deutlich: T-Shirts in allen Farben, modische Fähnli und Hemden made in Taiwan – die einst hier ansässige Textilproduktion, das war einmal!

6 Auf dem Dach des Kantons

Von Libingen aufs Schnebelhorn und hinunter nach Steg

Route	Libingen–Jonenholz–Rossweid–Engelbolgen–Meiersalp–Schnebelhorn–Hirzegg–Roten–Rütiwis–Burstel–Vorderegg–Boden–Steg
Anreise	SBB (☐ 850) von Zürich nach Wil, THURBO (☐ 853) von Wil nach Bütschwil und Postauto (☐ 853.30) von Bütschwil nach Libingen
Rückreise	S 26 (☐ 754) von Steg nach Winterthur oder nach Rüti und SBB oder S 7, S 8, S 12 (☐ 750) von Winterthur nach Zürich bzw. S 5 (☐ 740) Rüti nach Zürich
Wanderzeit	4½ Stunden
Karten	Landeskarte 1:25 000, Blatt 1093 «Hörnli»
Gaststätten	Libingen, Meiersalp, Steg (Hulftegg)
Besonderes	Dorf Libingen mit hübscher Kirche Lourdes-Grotte Aussichtsgipfel Schnebelhorn

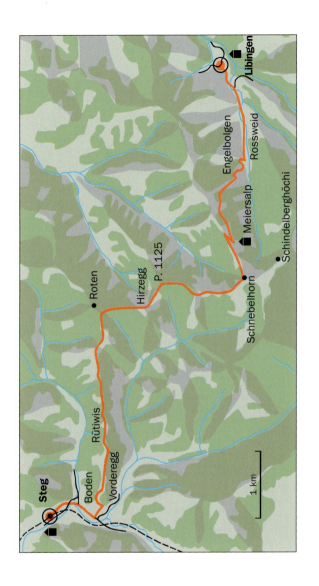

Zürcherischer Höhenrausch

Vielleicht schreiben heutige Primarschüler im Fach Heimatkunde, das inzwischen «Mensch und Umwelt» heisst, «Top of Zuriland» auf ihre Arbeitsblätter, wenn sie zwischen Frühenglisch und Computerkurs etwas übers Schnebelhorn erfahren. Wir notierten einst in Schnüerlischrift in unsere Hefte: «... Das Schnebelhorn ist mit 1292,7 Metern die höchste Erhebung des Kantons Zürich. Seinen Namen bringen einige Namensforscher mit Schnee in Verbindung; andere erkennen darin das Wort Schnabel und berufen sich auf den Doppelgipfel Schnebelhorn und, etwas weiter südlich gelegen, Schindelberghöchi (1234,5 m ü. M.).» Die blau-weisse bzw. grün-weisse Grenze verläuft übrigens haarscharf über beide Gipfel, sodass die Zürcher ihr Top-Horn mit den St. Gallern teilen müssen, und die haben bekanntlich noch ganz andere Höhepunkte vorzuweisen. Überhaupt scheint angesichts eines immer stärker zusammenwachsenden Europa dergleichen grenzgängerisches Renommiergehabe eh vorbei. Zumal die Fernsicht nach hüben und drüben fantastisch ist – vorausgesetzt, man erwischt einen klaren Föhntag.

Vor dem anvisierten Höhenrausch gilt es allerdings eine beträchtliche Höhendifferenz zu überwinden: 524 Meter, um genau zu sein, wenn wir unsere Tour von Libingen aus starten. Und damit es klar ist: Viele Wege führen aufs Schnebelhorn: Steg, Fischenthal, Wald, Mosnang, Dreien wären weitere Ausgangspunkte.

Immer einen Schritt näher am Himmel

Für heute also Libingen. Zuhinterst im Talkessel des Dietfurterbachs gelegen, gehört es politisch seit der Kantonsbildung von 1803 zusammen mit Dreien-Wiesen, Mühlrüti und zahlreichen Aussenwachten zur Alttoggenburger Gemeinde Mosnang, die in einer Geländekammer weiter nördlich liegt. Knapp 3000 Menschen leben da auf stotzigen Hängen; in Libingen sinds gerade mal 350 Seelen, 300 davon in weit verstreuten Gehöften, der Rest im adretten Dörfli, das sich um die Kirche schart. Die Libinger seien ganz besonders fromme Leute, heisst es. Kunststück, in dieser abgeschiedenen Gegend scheinen nicht nur die Uhren geruhsamer zu ticken, auch der Himmel ist irgendwie näher. Schliesslich gibt es in der Region eine Engelswand, eine Chrüzegg, eine Lourdes-Grotte – aber auch eine Tüfelsmüli! Prälaten haben denn auch die Geschichte des Dorfs seit je geprägt. Auf Betreiben des Priesters Joseph Helg (1720–1786) wurde Libingen 1751 zur eigenständigen Pfarrei, was sich im weiterum sichtbaren Zwiebelturm der hübschen Gallus-Kirche kundtut. Der rührige Gottesmann hatte daselbst auch ein Frauenkloster für die erste schweizerische Gemeinschaft der Ewigen Anbetung ins Leben gerufen (1760), die kurz darauf die Benediktiner Ordensregeln annahm, aber bereits 1781 nach Glattburg bei Oberbüren übersiedelte. Dahin pilgern gemäss ungeschriebenem Vertrag noch heute fromme Libinger, um den Gebetsfaden nicht abbrechen zu lassen, wenn es an klösterlichem Nachwuchs mangelt.

Kein Schiessstand, sondern Kräuterpfarrer Künzles Lourdes-Grotte.

Was es sonst noch in diesem gottgefälligen Dorf mit den properen Schindelhäusern gibt? Eine Primarschule, einen Dorfladen, eine Käserei, ein Mehrzweckgebäude, eine Feuerwehr, eine Viehzuchtgenossenschaft mit einer viel beachteten Viehschau sowie die älteste Ziegenzuchtgenossenschaft des Kantons. Und dazu acht Vereine. Und Mitte der 1960er-Jahre war da noch dieses weiterum bekannte Glockenspiel. Aus eigenem Antrieb hatte ein Kaufmann und Orgelspieler 1965 bei Hofen eine Gedenkstätte für den Urwalddoktor Albert Schweitzer (1875–1965) eingerichtet: einen Turm mit 60 Glocken, die grösste, Gloriosa genannt, 3,6 Tonnen schwer. Doch 1979 hatte man genug, sowohl vom Gebimmel als auch von den Autos und den Cars, welche Touristen aus allen Landesgegenden herbeikarrten und das vormals stille Tal mit Schall und Rauch füllten. Walter Meierhans, so hiess der Mann, zog mit seinem Läutwerk nach Frankreich und später, als die Stadt Zürich eine Schenkung dankend ablehnte, ins Schloss Salavaux am Murtensee. Heute sollen die Glocken irgendwo in Holland erklingen, wo derartige Carillons sehr beliebt sind. Der Turm aber steht noch. Er dient als Lagerraum für Strohballen.

Frommer Einstieg

Vom Dorfzentrum auf der leicht erhöhten Geländeterrasse führt ein Fahrsträsschen in den Talgrund und weiter den Bachlauf hinan. Morgennebel wallt über den leicht mit Reif bedeckten Hängen und Schrunden, vorsichtig

Landschaft des Glaubens und des Aberglaubens – besonders, wenn die Nebel wallen.

schiebt sich die Sonne über den Grat des Schnebelhorns, das wir vor uns im Blickfeld haben. Wir folgen unwillkürlich einem Kreuzweg mit sehr, sehr modernistischen Bildstöcken. Sie geleiten uns zum Jonenholz und zur erwähnten Lourdes-Grotte. Errichtet wurde das schlichte, halbseitig offene, hölzerne Bethaus auf Initiative des damaligen Libinger Priesters Johann Künzle (1857–1945), der später als Kräuterpfarrer bekannt wurde. Solche Andachtsplätze in ländlicher Umgebung entstanden in Nachfolge der legendären Marienvision des französischen Bauernmädchens Bernadette Soubirous (1844–1879) von 1858 in allen katholischen Gegenden; besonders im Mai werden sie zur Marienverehrung genutzt.

Bald darauf lassen wir geteerte Strasse und religiöses Beiwerk hinter uns und befinden uns auf Engelbolgen, wo zwar keine Engel sind, aber ein paar Kühe den weissen Dampf aus den Nüstern aufsteigen lassen. Der Weg schmiegt sich in leichten Kurven der Topografie an, überwindet eine Geländerippe und führt, bald durch Wald, bald über Weideland, weiter bergwärts. Unter uns liegt das Libingertal, wo noch der Nebel hockt. Einen weiten Bogen unter der Krete beschreibend, erreicht unser Weg die Meiersalp. Im Sommer befindet sich hier eine währschafte Alpwirtschaft mit grossartiger Rundsicht ins Alpsteingebiet. Jetzt sind Tür und Tor verrammelt. Aber zwei Zitronenfalter, die über die erwärmten Holzplanken der verlassenen Tische und Bänke gaukeln, geben sich der Illusion eines ewigen Sommers hin. Was ich nicht wusste: Zitronenfalter werden bis zu neun Monate alt und erreichen damit die höchste Lebensspanne der hiesigen Tagfalter. Und offenbar sind sie auch fähig, den Winter steifgefroren als Schmetterlinge zu überdauern, um im folgenden Jahr den Frühling als Erste mit ihrem kecken Gelb zu begrüssen: Bis dann, also!

Turico-sanktgallensisches Gipfelkreuz auf dem Schnebelhorn.

Orange Platzhirsche

Nach dieser besinnlichen Verschnaufpause packen wirs erneut. Der Weg wendet sich jetzt ein kurzes Stück vom Ziel ab und erreicht alsbald die Krete. Dort nimmt er in einer Spitzkehre den ursprünglichen Kurs wieder auf und überwindet in einer knappen halben Stunde als bequemer Gratweg die letzten 130 Meter bis zum Schnebelhorngipfel. Ein Holzkreuz markiert die steinige, baumlose Kuppe. Als Nachbargipfel erkennen wir im Südwesten den Bachtel, unschwer identifizierbar an seinem hohen Turm (vgl. Seite 52) und im Norden das Hörnli, wo ebenfalls ein Antennenmast aufragt. Gegen Norden verliert sich der Blick im bläulichen Dunst über dem Thurgau und dem Zürcher Unterland. Im Südosten säumen der Scherenschnitt der Churfirsten und links davon das Alpsteinmassiv mit dem Säntis den Horizont. Im Süden türmen sich die Glarner Alpen, und im Westen ahnt man die flirrende Helle der Zürcher Seenlandschaft und dahinter das Zugerland.

Für den Abstieg wählen wir für einmal die Nordroute, obwohl diejenige über die Westflanke, Tierhag und Stralegg, eine sympathische Beiz verheisst. Stetig an Höhe verlierend, folgt der Weg praktisch immer der Krete, die vom Horn in nördlicher Richtung verläuft. Linker Hand schweift der Blick übers Tösstal, rechts über das Toggenburg. Beim Punkt 1125,5 könnte man sich ostwärts wenden und Richtung Wiesen über eine markante Geländerippe absteigen. Wir jedoch folgen weiter der Krete, die über Hirzegg zum Roten führt. Unterwegs plötzlich zwei Männer in leuchtenden Overalls, ein Rohr in der Hand und ein jaulendes Gebläse auf dem Rücken: Die beiden – kantonale Strassenarbeiter – sind eigens von Fischenthal zu diesem alljährlichen Sondereinsatz heraufgestiegen, um wie jedes Jahr vor dem ersten Schnee das Laub von den Wanderrouten wegzupusten, damit es dort nicht verrottet und die Wege im Matsch versumpfen lässt. Alles ziemlich aufwändig, ziemlich lärmig und ziemlich schweizerisch, denkt man. Und freut sich dennoch über die prima unterhaltenen Wege.

Kurz danach erreichen wir den Rotengubel, wo ein Wegweiser Richtung Hörnli zeigt, was in zwei Stunden zu schaffen wäre. Wir aber schlagen nun den Weg Richtung Steg ein. Zuerst durch lichten Baumbestand, dann zunehmend über offenes Gelände schreiten wir talwärts. Im Norden erkennt man die kurvige Passstrasse, die sich vom Tösstal heraufwindet und sich jenseits der Hulftegg ins Toggenburg hinabsenkt.

Ökonomisch und ökologisch

Beim Bauernhaus auf der Rütiwis animieren ein liebevoll beschriftetes Plakat und ein Tisch mit einem bunten Plastiktuch zum Zwischenhalt: Thermoskrüge mit heissem Wasser, Tee- und Suppenbeutel, Instant-Kaffee, verschiedene Snacks, sogar eine Kühlbox mit Tranksame stehen zu Ver-

Blick von der Meiersalp auf das Libingertal und das Toggenburg.

fügung – und alles in Selbstbedienung; für den Obolus gemäss exakter Preisliste steht eine Blechschachtel bereit: Aha, Personalabbau auch hier! Dass man da aber nicht nur ökomisch, sondern auch ökologisch denkt, beweist die naturnahe Kläranlage, an welche das Gehöft angeschlossen ist. Ich habe auf unseren Wanderungen schon etliche derartige Anlagen gesehen: Es geht dabei grundsätzlich um eine Abwasserreinigung auf natürlicher Basis, ohne chemische Zusätze – eben so, wie sie auch die Natur vornimmt. Im Rottebehälter erfolgt eine erste Absetzung, wobei die Feststoffe in einem aeroben Milieu – wie in einer Kompostieranlage – zu Schlamm verrotten, der regelmässig entsorgt werden muss. Die Flüssigkeit wird weiter auf ein Nassbeet geleitet, das mit Schilf, Binsen und Seggen bepflanzt ist, und sickert dort vertikal oder horizontal durch den Bodenfilter. Dabei wird die Verunreinigung einerseits durch Mikroorganismen im Bodenkörper und andererseits durch dessen Filterwirkung abgebaut. Zwischen 5 und

Auch das Hörnli wäre eine Wanderung wert – fürs nächste Mal.

10 Quadratmeter Bodenkörper pro Person seien dazu nötig. Meine löchrigen Chemiekenntnisse können den Vorgang nicht ganz nachvollziehen – aber so viel habe ich kapiert: Da werden in einer Art Mini-Kläranlage die Abwässer einer nicht allzu grossen Siedlungsgemeinschaft auf umweltfreundliche, günstige und geruchsfreie (!) Art gereinigt, sodass sie wieder in den Kreislauf integriert werden können. Und hübsch anzusehen sind die nützlichen Biotope, wo zwischen den Schilfstängeln auch mal eine Wasserlilie blinkt, allemal.

Über die Weiler Burstel und Vorderegg kommen wir schliesslich hinunter ins Tal und auf der Kantonsstrasse zum Bahnhof. Sie ist als Jakobsweg ausgeschildert und Teil des so genannten Schwabenwegs, auf dem die süddeutschen Galicienfahrer von Konstanz via Fischingen übers Hörnli und durchs obere Tösstal nach Rapperswil und dann von dort über den Holzsteg weiter südwärts zogen (vgl. Seite 145). Hier, «under dem hürnly, als die strass hinübergat us dem Turgow in das Vischenthal und Zürichgow, ist ein herberg und niederlag genannt am Stag»; der blumengeschmückte Landgasthof existiert noch heute. Das «niederlag» haben wir nicht getestet, aber die Rast im Schatten der alten Kastanienbäume bekommt auch Nichtpilgern sehr wohl.

7 Des Kaisers neuer Bahnhof

Von Turbenthal über den Schauenberg nach Aadorf

Route	Turbenthal–Hutzikon–Schwändiholz–Hutziker Tobel–Farloch–Hüttstel–Tüfenstein–Ristel–Grueben–Ilitishusen–Ettenhausen–Chilperg–Hegi–Aadorf
Anreise	SBB oder S 7, S 8 oder S 12 (□ 750) von Zürich nach Winterthur und S 26 (□ 754) von Winterthur nach Turbenthal
Rückreise	S 35 (□ 850) von Aadorf nach Winterthur und SBB oder S 7, S 8 oder S 12 (□ 750) von Winterthur nach Zürich
Wanderzeit	Gut 3 Stunden
Karten	Landeskarte 1:25 000, Blätter 1072 «Winterthur» und 1073 «Wil»
Gaststätten	Turbenthal, Schauenberg (Tüfenstein-Huggenberg), Ettenhausen, Aadorf
Besonderes	Industriearchäologie in Turbenthal Kaiserbahnhof Aadorf

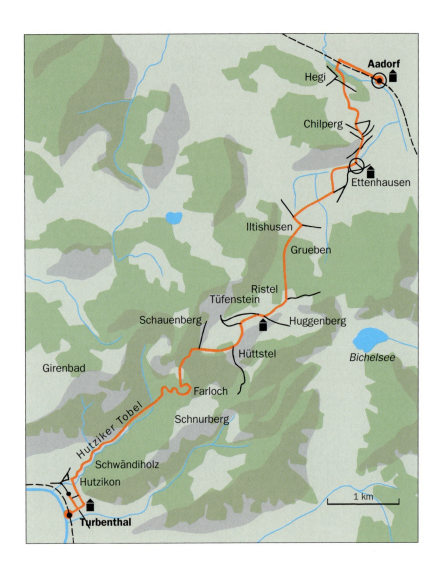
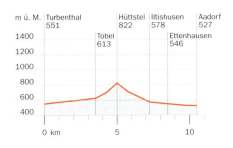

Bettgeschichten

Vor dem Zeitalter des so genannten nordischen Schlafens hatten wir zu Hause Wolldecken, auf deren Etikette ein Eskimo abgebildet war: Schlitzaugen und eine Pelzkappe, die das breite Gesicht wie ein Kranz einfasste. Und keine Nase; wegradiert vom bekannten Reiben bei der Begrüssung. Der Körper des Eskimos aber war in eine der besagten Wolldecken gehüllt, was zwar eher wie ein Poncho aussah. Und doch, so entstand mein zugegeben eher fragwürdiges Bild von jenen Menschen, die nur Lebertran tranken und rohen Seehund verspeisten. Igitt. Dieser Eskimo – heute nenne ich ihn zwar «politically correct» Inuit – kommt aus Turbenthal, wo er immer noch Eskimo heisst.

Kurz bevor der Zug in die Station Turbenthal einfährt, sieht man linker Hand die Fabrikanlage der Eskimo Textil AG, ein Unternehmen, das, 1854 in Pfungen gegründet, seit 1882 in Turbenthal ansässig ist. Seit 2001 aber kommen die Eskimo-Decken nicht mehr aus Turbenthal. Zum Jahresende stellte die Firma ihre Produktion ein. Gestiegene Herstellungskosten und Preiszerfall – speziell im Bereich der Deckenproduktion der Zusammenbruch und Kostendruck im Flugwesen – führten zur teilweisen Schliessung der Fabrik. 40 von 90 Arbeitsplätzen gingen verloren. Eskimo wird sich künftig auf den Handel mit Decken aus Natur- und Kunstfasern beschränken, die in Italien, England, Deutschland, Tschechien oder Polen produziert werden, sowie auf das Immobiliengeschäft. Damit vollzieht sich hier ein Phänomen, das im Zürcher Oberland vielerorts zu beobachten ist: Wohnen in ehemaligen Hallen und Sälen, wo einst Textilmaschinen klapperten und surrten. Auch das rund 20 000 Quadratmeter grosse Eskimo-Areal (wie übrigens auch das Schwester-Unternehmen in Pfungen) wurde schrittweise einer neuen Nutzung zugeführt: Zuerst wurden die hässlichen Zweckbauten, die im Laufe der Jahrzehnte entstanden waren, entfernt und dann die schönen, alten Gebäude aus der Gründerzeit – Backstein-Fabriktrakt, Fabrikantenvilla, Verwaltungsgebäude – in grosszügige Wohnlofts, Ateliers, Büros, Ausstellungs- und Gewerberäume umgestaltet. Das erspart der Gemeinde eine Industriebrache mitten im Zentrum und schafft Wohnraum für junge Familien, freut sich der Turbenthaler Gemeinderat. Die Umnutzung ist architektonisch sehr gelungen, wovon man sich bei einem Streifzug durch das Areal an der Tösstalstrasse 42 gegenüber der Kantonspolizei selbst überzeugen kann: Die alte Bausubstanz, respektvoll bewahrt, restauriert und aufgewertet, verbindet sich mit modernen Materialien und dient heutigen Bedürfnissen. So konnten wertvolle Baudenkmäler aus der Phase der frühen Industrialisierung erhalten und vielleicht ein paar jener unsäglich adretten Einfamilienhäuschen weniger aufgestellt werden. Jedenfalls scheint das Konzept Anklang zu finden, fast alle Räume sind vermietet – und die Decken mit dem grinsenden Eskimo made in irgendwo gibts noch immer.

Die ganze modernisierte Überbauung passt bestens ins urbane Dorfbild. Denn Turbenthal war nie ein Bauerndorf. Schon im 15. Jahrhundert lebten hier Weber und Spinner sowie andere Handwerker und Gewerbetreibende aller Art wie Wirte, Müller, Bader und Scherer. Letztere pflegten ihr Metier im Umfeld des Äusseren Girenbads, das auf einem Ausläufer des Schauenbergs hoch über Turbenthal liegt (im Unterschied zum Inneren Girenbad am Bachtel). Um 1500 begann man, das mineralsalzhaltige Wasser zur Heilung und Linderung von Gicht, Rheuma und Hautausschlägen zu nützen. 1968 wurde der Badebetrieb eingestellt. 1990 bis 1992 wurde das Gasthaus vollständig umgebaut und ist heute ein beliebter Ausflugsort.

Im 17. und 18. Jahrhundert war in Turbenthal die Baumwollverarbeitung vorherrschend; anfänglich als Heimweberei und -spinnerei betrieben und im 19. Jahrhundert durch die mechanische Fabrikindustrie abgelöst, wie überall in der Gegend mit den bekannten sozialen Auswirkungen. Nach dem erwähnten Produktionsstopp von Eskimo vertritt die Boller, Winkler AG mit gut 200 Arbeitern als Letzte die hiesige Branchentradition. Sie hat sich mit Heimtextilien – zum Beispiel Bettwäsche mit Künstlermotiven von Morandini bis Greenaway – aus ökologisch produzierter Baumwolle bislang eine Nische schaffen können. Bis in die 1930er-Jahre war übrigens das Bett der Töss die Verkehrsader des Tals (vgl. Seiten 37 und 46), die mit Postkutschen, Diligencen und Fuhrwerken befahren wurde, wenn es der Wasserstand erlaubte. Doch schon der Ortsname weist darauf hin, dass der Töss nicht immer zu trauen war: Das keltische Turbadunum bedeutet befestigter Platz (Burg) an der Turba (= Lärm), wie der tosende Fluss auch geheissen wurde. Doch genug der textilen und topografischen Bettgeschichten!

Rast unter Rosskastanien
Wir gehen die Tösstalstrasse wieder zurück bis zur Kreuzung, wo die Bahnhofstrasse einmündet. Dort biegen wir in den Schulhausweg ein und gelangen zur Schulstrasse, auf der wir uns nach links wenden. Vorbei an der

Eigenheimplantagen am Dorfrand von Turbenthal.

katholischen Kirche (rechts) und der heilpädagogischen Schule (links) kommen wir zum Dorfteil Hutzikon. Vor der Überquerung des Bachs sticht der Weg rechter Hand in einer weiten Kurve ins Hutziker Tobel hinein. Schauenberg–Elgg steht auf dem Wegweiser, und wie oft am Ausgang eines Dorfs ermahnen Tafel und allerlei Trimm-dich-Geräte zur körperlichen Ertüchtigung, was wir geflissentlich ignorieren. Statt uns in die Slalompassage des Vita-Parcours zu werfen, überschreiten wir jetzt den Hutzikerbach und steigen am rechten Ufer weiter bergwärts. Durch den schattigen Hohlweg folgen wir weiter dem Bachlauf. Allmählich entfernt sich der Wanderweg vom Wasser und erklimmt die Kuppe. Plötzlich erschallt zwischen den Stämmen das aggressive Geknatter eines Mopeds – ein Waldarbeiter prescht auf dem einsamen Fahrweg durchs Holz; auch wir folgen ein kurzes Stück dem Teersträsschen. Allmählich beginnt sich der Wald zu lichten. Beim Punkt 792 teilt sich die Strasse. Statt geradeaus nach Geretswil zu gehen, wenden wir uns, dem Waldrand folgend, nach rechts und kommen nach Hüttstel (eigentlich eine dialektale Verkürzung von Hütte und Stall). Hier treffen wir auf die Strasse, die von Turbenthal über den Schnurberg heraufführt. Die Sicht weitet sich und umfasst das friedliche Hügelland. Verein-

Eine kleine, eigene Welt: Weiler auf dem Schauenberg.

zelte Baumgruppen setzen malerische Akzente ins Gewoge. Selbst das Glockengebimmel ist weit gehend verstummt: Die Kühe lagern unter den Bäumen, dösend, wiederkäuend. Selbst die Hühner und Ziegen des Bauernhofs, den wir jetzt passieren, haben sich vor der sengenden Sonne in den Schatten geflüchtet. Auf einer geteerten, aber kaum befahrenen Landwirtschaftsstrasse kommen wir über den Unteren Hüttstel nach Tüfenstein-Huggenberg. Hier lädt das Gasthaus Schauenberg gleichermassen zum Schauen wie zum Rasten; beides lässt sich unter den zwei mächtigen Rosskastanien ausgiebigst tun. Die Aussicht ist zwar nicht spektakulär oder dramatisch, geruhsam schweift der Blick über das gewellte Grün des oberen Eulachtals und verliert sich Richtung Thurgau, wo irgendwo im Dunst Frauenfeld liegen müsste.

Ehre für die russische Dichterin
Eigentlich habe ich mir geschworen, nie, aber auch gar nie den Satz zu schreiben: Frisch gestärkt usw. Aber da wir nicht ewig unter dem lauschigen Blätterdach hocken bleiben können, brechen wir jetzt auf – ohne jedwelche sprachliche Pirouetten. Wir halten etwas nach links, gehen zwischen den beiden Häusern von Ristel hindurch, folgen ein Stück der

Zubringerstrasse, wechseln aber beim Punkt 700 auf einen Feldweg, die Geissbüelstrasse, die bald wieder ins Gehölz führt. Durch eine sanfte Geländefurche steigen wir talwärts und kommen unterhalb des Walds zum Weiler Iltishusen. Eben haben wir, ohne es zu merken, die Kantonsgrenze überschritten; um jetzt die Überlandstrasse zu überqueren, ist etwas mehr Aufmerksamkeit ratsam.

Über Ackerland gelangen wir auf schnurgeraden Wegen, die als Thurgauer Wanderwege beschriftet sind, nach Ettenhausen. Langsam zerfranst das Bauerndorf. Eine kleine Gegensteigung durch Einfamilienhausweiden bringt uns zum Alja-Rachmanova-Weg – ein reichlich exotischer Name für ein schlichtes Thurgauer Dorf! Eine romaneske Geschichte, wie ich später in der Zürcher Zentralbibliothek herausfinde: Alja Rachmanova (1889–1991) war eine russische Schriftstellerin, die ihre Heimat nach der Revolution von 1917 verliess und sich mit ihrem Mann zuerst in Wien, dann in Salzburg niederliess. Nach dem Zweiten Weltkrieg kam das Paar in die Schweiz, im Gepäck eine Unzahl von Papieren, Manuskripte zu Romanen und andere Veröffentlichungen, aber auch Literatur des 19. Jahrhunderts zur westeuropäischen Orthodoxie sowie ein gewaltiges Konvolut an historischen Fotografien, Tagebüchern, Briefen, Rezensionen. Nach ihrem Tod ver-

Der Abstecher in den Thurgau führt nach Aadorf.

machte die Russin, die in Ettenhausen gewohnt hatte, den umfangreichen Nachlass dem Kanton Thurgau; ein Teil der Dokumente ist bereits gesichtet, ein weiterer Teil wird jetzt erschlossen.

Schon kann man den Turm der Aadorfer Kirche über den Feldern erkennen. Durch lichtes Gehölz beginnt sich der Weg wieder zu senken, überquert die Lützelmurg und unterquert via Hegistrasse die Bahnlinie. Jenseits des Schienenstrangs folgen wir der Stationsstrasse zurück zum Bahnhof.

Imperiale Ohrfeige

Anders als die unzähligen genormten Provinzbahnhöfe verdient derjenige von Aadorf besondere Beachtung. Schon vor dem Neubau 1911/12 war Aadorf Kopfstation des einzigen zweispurigen Streckenabschnitts der Linie Winterthur–Wil, die bereits 1855 eröffnet worden war. Seine aussergewöhnliche, bis ins Detail liebevoll gestaltete Ausstattung verdankt das Stationsgebäude jedoch einer Geschichte, wie sie Dürrenmatt nicht besser hätte erfinden können: Als Wilhelm II. von Hohenzollern (1859–1941) auf Staatsbesuch in der Schweiz weilte, um die Manöver bei Wil zu inspizieren, rechnete man in Aadorf fest mit einer Stippvisite des Kaisers. Man liess sich deshalb beim Bau des Bahnhofs nicht lumpen: zwei Wartesäle, davon einer als Blauer Salon mit Panelen aus Wurzelholz und schweizerisch temperiertem Jugendstildekor, graziöse Windfahnen auf dem First, ein als Burgzinne gestalteter Kamin im Schnittpunkt des Kreuzgiebels, bahnseits vier Bogenportale, eine spalierumrankte Seitenterrasse und auf der ganzen Front gegen das Gleis einen überdachten Bahnsteig, gestützt von geschnitzten Säulen. Dazu ein imposantes Stellwerk mit Emailschildern und zwei Signalglocken, welche die enorme Bedeutung des Bahnhofs unterstreichen sollten.

Frühmorgens, 4. September 1912. Die Blasmusik steht stramm, die Ehrenjungfern zupfen ihre Schärpen zurecht. Der Sonderzug von Zürich – an Bord die Honoratioren, neben dem teutonischen Tross Bundespräsident Ludwig Forrer und Oberstkorpskom-

«Antikes» Stellwerk wie aus einem Märklin-Baukasten.

Kaiser-Bahnhof – doch der Kaiser fuhr vorbei.

mandant Ulrich Wille – braust heran und – vorbei. Offenbar hat Wille seine Durchlaucht derart mit taktischem Palaver absorbiert, dass diese nicht mal den kapitalen blonden Schnauz am Wagonfenster blicken lässt. Immerhin stattet der Kaiser später, nachdem er im Manövergelände in höchsteigener Person in die Schützengräben hinabgestiegen war, der Kartause Ittigen einen Blitzbesuch ab, anlässlich dessen ein Mehrgänger, begleitet von Wein aus der Gegend und deutschem Bier, in generalstabsmässiger Regie und in knapp drei Viertelstunden serviert wird.

Inzwischen verkehren die Züge auch in Aadorf im Stundentakt, Aadorf hat die imperiale Ohrfeige verwunden. Mehr noch: Die moderne Zeit hat die «unnütze» noble Dekoration der Salons diskret hinter einer Wandverschalung mit elektronischen Schalttafeln und Relaisstationen verschwinden lassen, das blank polierte Stellwerk ist nur mehr Zierde. Und im Aushang des Bahnhofkiosks hängen die Heftli über Leben, Lieben und Leiden in europäischen Fürstenhäusern.

8 Ritters Ehr und Schusters Rappen

Von Winterthur über Kyburg nach Pfäffikon

Route	Winterhur-Breiti–Eschenberg–Steintobel–Leisental–Kyburg–First–Agasul–Brästberg–Rumlikon–Berg–Russikon–Auenfeld–Pfäffikon
Anreise	SBB oder S 7, S 8, S 12 (□ 750) von Zürich nach Winterthur, Bus 4 von Winterthur-Bahnhofplatz nach Waldheim
Rückreise	S 3 (□ 753) von Pfäffikon nach Zürich
Wanderzeit	Knapp 5 Stunden
Karten	Landeskarte 1:25 000, Blätter 1072 «Winterthur» und 1092 «Uster»
Gaststätten	Winterthur, Eschenberg, Kyburg, First, Agasul, Russikon, Pfäffikon
Besonderes	Sternwarte Eschenberg (http://homepage.sunrise.ch/homepage/griess/Sternwarte/index.html) Wasserlehrpfad Töss (www.trzo.ch) Waldlehrpfad Kyburg Kyburg mit Museum (www.schlosskyburg.ch, Tel. 052 232 46 64)

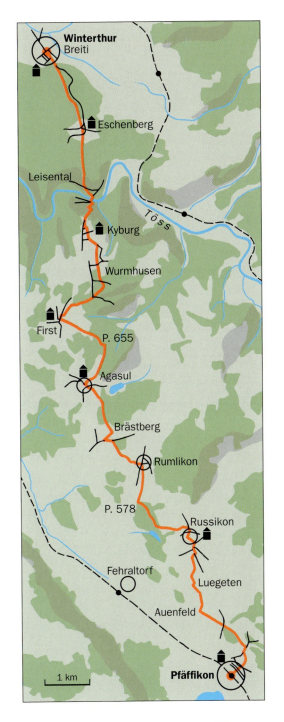
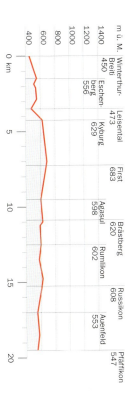

A Star Is Born

Wer auf dem belebten Bahnhofplatz in Winterthur die richtige Bushaltestelle gefunden hat, hat eigentlich das Schwierigste der heutigen Wanderung schon hinter sich. Schliesslich haben wir uns durchgefragt: Linie 4, Richtung Breite, fährt an der Stirnseite des Platzes. Nach einer zehnminütigen Fahrt macht uns der hilfsbereite Buschauffeur ein Zeichen: Waldheim, unser Ziel. Besser: Unser Start. Wir gehen durch die Langgasse. Bald weichen die akkurat getrimmten Rasenflächen der Einfamilienhäuser den etwas wilderen Himbeerhecken der Schrebergärten, die geteerte Quartierstrasse dem Naturbelag. Wir gelangen geradewegs in den Wald und befinden uns auf der leicht ansteigenden Reservoirstrasse.

Was dem Zürcher der Üetliberg, ist dem Winterthurer der Eschenberg: Wenn auch weniger hoch gelegen, bildet dieser Forst zusammen mit den Waldgebieten jenseits der Töss die grösste zusammenhängende Waldfläche des Kantons Zürich, nämlich 13 Quadratkilometer. Und an diesem Morgen zeigt er sich besonders zauberhaft: Licht, das in schrägen Strahlen zwischen den hohen Stämmen tanzt, Vogelgezwitscher, das zum Mitpfeifen verlockt. Linker Hand jetzt eine Sägerei, Duft von frisch geschlagenem Holz hängt in der Luft. Bald lichtet sich der Wald, und Herdengebimmel kündet das Gut Eschenberg an, zu dem auch ein Landgasthof gehört. Um einzukehren, ist es nach nur gut halbstündiger Wanderung allerdings noch etwas früh. Entschieden zu früh ist es ebenfalls für einen Besuch des Observatoriums, das nur ein paar Schritte weiter westlich an der Burgstallstrasse liegt. Der Mond hängt zwar noch immer etwas nutz- und kraftlos im morgendlichen Hellblau, fürs Sterngucken aber müssten wir ein anderes Mal wiederkommen. Dass die Beobachtungsstation aber kein Nobody unter ihresgleichen ist, beweist die Tatsache, dass ein Kleinplanet, der Asteroid 43699, den Namen Winterthur trägt. Seine Oberfläche übertrifft mit rund 8000 Hektaren sogar jene des irdischen Gemeindegebiets der Eulachstadt (6800 Hektaren). Entdeckt hat den Planeten Mitte April 2002 der Leiter und Mitbegrün-

Bäuerliche Blumenpoesie: Fuchsia und Agapanthus.

der des Observatoriums, Markus Griesser, und ihn bei der International Astronomical Union (IAU) unter dem Namen seiner Heimatstadt registrieren lassen. In der Nacht vom 23. auf den 24. Januar 2004 hat Griesser im Sternbild des Krebses übrigens einen weiteren Kleinplaneten, bereits den vierten, entdeckt. Die spannende Sichtung des 2004 BV58 kann man auf der Homepage der Sternwarte nachlesen. Ob der Mini-Planet später mal einen etwas weniger dürren Namen kriegen wird? Wie wärs mit Rudolph? Nach dem berühmten Reindeer mit der roten Nase. Griessers Nase soll, eigenen Angaben zufolge, in jener klaren Nacht ebenso geglüht haben wie diejenige von Santa's Zugtier, vor Kälte – und wohl auch vor Aufregung!

Dorfbrunnen in Kyburg, getarnt als Geranienbaum.

Vom Wasser und vom Wald

Doch jetzt ist es warm. Von Kälte und Weihnacht keine Spur. Nach der weitläufigen Lichtung umfängt uns wieder der Wald. Ein kurzer Ab- und wieder Aufstieg durchs Steintobel bringt uns auf die Waldebni, die zu Recht so heisst. Dann senkt sich der Kyburg-Fussweg ein zweites Mal und erreicht die Töss. Auf zwei Brücken, einer modernen Betonbrücke und anschliessend einer gedeckten Holzbrücke, überschreiten wir zuerst einen Nebenarm, dann den eigentlichen Flusslauf. Hier treffen wir auf den Tössuferweg. Die Toissa, in Urkunden von 853 erstmals so erwähnt, verdankt ihren Namen dem Tosen und Brausen, das sie als ungestümes Wildwasser oft begleitete. Sie entspringt in zwei Armen am Höchhand, diese umklammern den Tössstock und vereinigen sich an dessen Fuss bei der Tössscheidi. Dank dem starken Gefälle sind an ihrem Lauf im 19. und Anfang des 20. Jahrhunderts Textilfabriken und Getreidemühlen entstanden, die ihre Energie aus dem Fluss – zuerst mechanisch, später elektrisch – bezogen. 1991 wurde ein Wasserlehrpfad gestaltet, der auf Schautafeln Wissenswertes zum Thema Hydrologie, Geologie und Wassernutzung vermittelt.

Doch wir lassen das Wasser rheinwärts rinnen und nehmen den steilen Anstieg über die Stapfete mit unzähligen Treppenstufen hinauf zur Kyburg in Angriff. Der Weg wurde von der Stadtförsterei Kyburg als Waldlehrpfad eingerichtet, und die Verschnaufpausen an den informativen Schautafeln sind nicht unwillkommen. Wir erfahren da nicht nur etwas über Aussehen und Vorkommen der hiesigen Waldbäume, sondern auch allerlei über deren Verwendung: Hagenbuche zum Beispiel wird für Metzgerstöcke und Werkzeugstiele benützt; Ahorn für Geschirr, Drechslerware und Musikinstrumente; Eiche für Parkett und Dachstühle; Linde für Geschnitztes und Weissküferei, Nussbaum für Möbel, Geissblatt für Besen. – Und Robidog für Hunde!

Vom Tjost zum Kammerkonzert
Eine mächtige Rosskastanie bildet den Abschluss des dendrologischen Crash-Kurses. Wir haben den Scheitel des Hügelsporns erreicht, auf dem die imposante, von drei Seiten durch Steilabfall geschützte Feste thront. 1027 wird die ursprünglich Chuigeburch geheissene Burg (= Burg, wohin man mit den Kühen flüchtete) als Besitz eines Grafen Werner urkundlich erstmals erwähnt. Nach dessen Tod gelangen Burg und Güter durch Heirat in den Besitz des Grafen Hartmann von Dillingen. Dieser baut beides aus und nennt sich fortan nach dem neuen Sitz Graf von Kyburg. Nach dem Tod des letzten Kyburgers 1264 sichert sich Hartmanns Neffe Rudolf von Habsburg (1218–1291), damals noch simpler Graf, dessen Erbe: Die Festung an der Töss wird Verwaltungssitz diesseits des Rheins und bekommt damit «welt-»politische Bedeutung. Das zeigt sich nur schon in der Tatsache, dass mit Rudolfs Wahl zum deutschen König (1273) sogar die Reichskleinodien hier aufbewahrt werden. (Später gelangen sie über Prag und Nürnberg nach Wien, wo sie sich seit 1800 befinden.) Dank der reichspolitischen Verlagerung der habsburgischen Machtzentren von den Stammlanden weiter ostwärts, nach Kärnten und Niederösterreich, kann die Stadt Zürich die Grafschaft im 15. Jahrhundert durch Kauf erwerben und verwaltet sie bis 1798 als Landvogtei. Bis die Helvetik dem Ancien Régime ein Ende setzt, amten also vornehme Zürcher Bürger, die Escher, Rahn, Lavater, Holzhalb oder von Meiss, jeweils für sechs Jahre als Vögte auf der Kyburg, halten Gericht und treiben die Abgaben ein. Heute finden vielerlei Anlässe auf der Kyburg statt, internationales Renommee geniesst zum Beispiel die alljährliche Kyburgiade mit ihren Kammermusikkonzerten im Schlosshof.

Für Schulreisen und Familienausflüge gleichermassen beliebt: die Kyburg.

Für den Besuch der weitläufigen Anlage – es handelt sich immerhin um die bedeutendste zwischen Limmat und Bodensee – muss man genug Zeit einräumen. Aber man muss sich auch bewusst sein, dass die Anlage über Generationen verändert, erweitert und geschleift wurde: Die relativ kurzen Amtsperioden der Landvögte gestatteten nur punktuelle Eingriffe und Renovationen – was halt gerade nötig war. So präsentieren sich Burg und Einrichtung in einem Stilgemisch, das von der Gotik über Renaissance und Barock bis ins Rokoko reicht. Dennoch bietet ein Rundgang dank neuzeitlicher Museumspädagogik reichlich Möglichkeit, in das Leben vergangener Zeiten, in die Feste und Lustbarkeiten, die Rechtsprechung, aber auch die religiöse Jenseitsvorsorge einzutauchen.

Die Wahrheit über die Iron Lady

Über den Burggraben, früher mit Zugbrücke überwunden, und durchs äussere Tor gelangt man in den Zwinger und von dort durchs innere Tor in das

Weder Ritter noch Landvogt weit und breit – Mittagsruh auf der Kyburg.

unregelmässige Geviert des gepflästerten Burghofs, an dessen Umfassungsmauer sich verschiedene Gebäude lehnen. Gleich zur Rechten erhebt sich als ältester Kern der Palas mit dem Festsaal und darüber einer Küche und der Wohnung des Landvogts. Überragt wird das Ganze vom quadratischen Bergfried. Ein gefachter Wehrgang mit dem Taubenturm – einem Aborterker gegen aussen! – führt zum Ritterhaus in der südwestlichen Ecke der Anlage. Dort befinden sich neben einer Wagenremise die landvogtlichen Amtsräume und die Waffenkammer, wo sich Hellebarde an Speer an Schwert reiht. An der Nordwand gruppieren sich die Ökonomiegebäude. Die nordwestliche Ecke des Hofs mit Sod- und Säulenbrunnen sowie Gerichtslinde, die heute eine Platane ist, besetzt der Graue Turm. Daneben liegt die Schlosskapelle, wo man sich an den Furcht erregenden Jenseitsvorstellungen des Mittelalters ergötzen kann. Frösteln macht auch ein Blick ins Verlies. Aber schliesslich: Ein Schlossbesuch ohne ein bisschen Horror wäre eine halbe Sache. Angesagt ist darum auch ein Gang durch die Folterkammer mit Rad, Daumenschrauben und andern Nettigkeiten sowie natürlich einem Kruzifix an der Wand. Eine Hörstation macht uns gar zu Zeugen der Inquisition eines Schurken, der des Raubmords bezichtigt wird. Die von Generationen mit genüsslichem Schaudern bestaunte Eiserne Jungfrau jedoch wurde längst auf den Estrich verbannt. Diese ingeniöse hohle Lady aus Holz mit den Eisenstacheln im Innern, die sich wie eine Duschkabine öffnen lässt, entsprang der etwas verqueren Fantasie eines einstigen Besitzers der Kyburg: Dieser liess die 1876 gezimmerte lebensgrosse Figur wie bekannt ausstaffieren und stellte sie als Gruselobjekt aus. Ob zum eigenen Lustgewinn oder zum Schock der Besucher, ist nicht belegt.

Sommerlust
Nach diesem Geschichtsbad setzen wir unsere Wanderung mit einem Gang durch die so genannte Vorburg fort. Aus der einstigen Siedlung der Angehörigen der gräflichen Hofhaltung ist ein halbkreisförmig angeordnetes Haufendorf mit stattlichen Riegelhäusern entstanden, worunter der Hirschen eines der imposantesten ist und seit dem 15. Jahrhundert das Schankrecht besitzt. Am Schulhaus vorbeigehend, verlassen wir das Bilderbuchdorf und wandern gegen Süden. Fruchtfelder, Wiesen und Obstgärten prägen die Landschaft; ein Blick zurück zeigt nochmals die Kyburg – wie ein steinerner Kahn mit Turmkaminen dümpelt sie über den Baumkronen und Dächern im hochsommerlichen Mittagsglast.

Die Hitze steigt. Zum Glück führt der Weg immer wieder durch schattige Waldpartien. First heisst die nächste Streusiedlung mit einem einladenden Aussichtsrestaurant. Wir setzen uns unter einem mächtigen Blätterdach zu zwei Bauern, die beim Frühschoppen über die lange Trockenperiode

Riegel- bzw. Fachwerkhäuser sind der Stolz der Einwohner von Kyburg.

schimpfen, während wir uns wohlweislich nicht einmischen, denn wir freuen uns ja über das tolle Wanderwetter, das allerdings jegliche Weitsicht im dunstigen Blau verschluckt. Bei klarem Wetter sieht man hier das obere Glatttal und die Alpenkette vom Säntis bis zum Wetterhorn.

Einst ein Schweinepferch
Von First gehts weiter über kupiertes Gelände nach Agasul, das übrigens wie First zur Stadt Illnau-Effretikon gehört. Ich wundere mich über diesen eigenartigen, fast fremdländisch klingenden Namen und nehme mir vor, später seine Herkunft nachzuschlagen. Voilà: Der alte Siedlungsname Aghinsulaca, wie er aus dem 8. Jahrhundert überliefert ist, leitet sich vom althochdeutschen Wort «sulag» = Schweinepferch ab. Der Ort, wo sich die Schweine des Bauern Ago suhlten, hiess eben Agensulun, Aginsule und schliesslich Agasul oder Agisuul, wie die Einheimischen sagen.

Von Agasul könnten wir durchs Hüenerbachtobel nach Illnau zur Bahnstation absteigen. Weil wir aber so schön im Trott sind, überqueren wir die Strasse Illnau–Weisslingen und folgen dem Brästbergweg, der wieder willkommenen Schatten bietet. Wo wir auf einen Feldweg stossen, sind wir zu einem spitzwinkligen Umweg genötigt – offenbar war der Landbesitzer nicht zu bewegen, ein Stück seines Bodens für den Wanderweg herzugeben. Anschliessend gehts aber in gleicher Richtung weiter, den Waldrand des Bannholzes entlang. Begleitet von zwei sirrenden Hochspannungsleitungen, erreichen wir Rumlikon: Ein Dorf hält Siesta, kein Mensch zu sehen, noch nicht einmal ein kläffender Hund. Dafür da und dort vor den Bauernhäusern improvisierte Verkaufsstände, wo man sich mit den Gaben des Sommers – frischen Äpfeln, gigantischen Zucchetti, leuchtenden Sonnenblumen und selbst gemachter Konfitüre eindecken kann – könnte – und dafür den Obolus in den Schlitz einer Kartonschachtel steckt. Ein Schluck wär mir jetzt lieber ... Doch der Bus nach Fehraltorf fährt nur einmal die Stunde, also heisst es zu Fuss weiter.

Nachdem wir die Autostrasse Fehraltorf–Weisslingen überschritten haben, schwenken wir, den Markierungen folgend, in die alte Fehraltorferstrasse, die uns durchs Reitenbachholz ins nächste Dorf führt. Schon sehen wir den grünen Helm der Russiker Kirche mit dem blauen Zifferblatt zwischen den Obstbäumen blinken. Ein Bauer ist eben daran, seine Kuh mit dem Schlauch abzuspritzen. Nett, bei dieser Hitze! Und wir überlegen uns, ob wir uns dazustellen wollen. Aber da realisieren wir, dass er die Flora

Unbeweglich steht die Sommerglut über den Stoppelfeldern.

tüchtig ausschimpft und «e tummi Chue» heisst. Und uns aufklärt: Das einfältige Vieh habe sich über das Förderband selbst auf den Miststock manövriert, von wo er sie, stinkend und verschmutzt, wieder herabholen musste ... Ohne Zweifel: Hier tickt die Welt anders, das Landleben ist intakt. Doch wir suchen naserümpfend das Weite, streifen die ländliche Idylle nur am südwestlichen Dorfrand.

Durch den neueren und weniger rustikalen Dorfteil gelangen wir zur Autostrasse nach Pfäffikon, der wir für ein kurzes Stück folgen, um sie bei der Busstation Tüfi im rechten Winkel wieder zu verlassen. Vorbei an den Sportplätzen Tüfiwis, dann über ein Rinnsal, gelangen wir auf einen Feldweg, der ziemlich parallel zur Autostrasse Russikon–Pfäffikon verläuft, aber zum Glück durch weite Felder von dieser getrennt ist. Rechter Hand, ebenfalls durch Felder und Äcker getrennt, befindet sich das Kinderheim Ilgenhalde. Hecken und lichte Baumbestände kupieren die leicht gewellte Moränenlandschaft, die ein Seitenarm des Linthgletschers zur flachen Mulde ausgehobelt hat. Im Auenfeld beginnen sich Agrarland und Siedlung zu verzahnen: Reihenhäuschen und Wohnblöcke, ein modernes Bezirksgebäude. Die S-Bahn setzt diesem letzten, wenig inspirierenden Wegstück einen – wenigstens bunten – Schlusspunkt.

9 Wo der Spargel spriesst

Von Dättlikon über den Irchel nach Flaach

Route	Dättlikon–Oberdorf–Tal–Lochhalden–Breitmatt–Heerenbänkli–Rütibuck–Irchelebni–Hochwacht–Tannenplatz–Berg am Irchel(–Flaach)
Anreise	SBB oder S 7, S 8, S 12 (☐ 750) von Zürich nach Winterthur und ZVV-Bus 665 (☐ 800.665) von Winterthur nach Dättlikon
Rückreise	ZVV-Bus 670 (☐ 800.670) von Berg am Irchel oder Flaach nach Winterthur und SBB oder S 7, S 8, S 12 (☐ 750) von Winterthur nach Zürich
Wanderzeit	Knapp 3 Stunden
Karten	Landeskarte 1:25 000, Blätter 1071 «Bülach» und 1051 «Eglisau»
Gaststätten	Dättlikon, Berg am Irchel, Flaach
Besonderes	Aussichtsturm auf dem Irchel Hochwacht Greifvogel-Pflegestation, Chloster 8, Berg am Irchel (nur auf Anmeldung: Tel. 052 318 13 02) Riegelhäuser im Dorfkern von Berg am Irchel Abstecher zum Traktorenmuseum Buch am Irchel (ZVV-Bus ☐ 800.670)

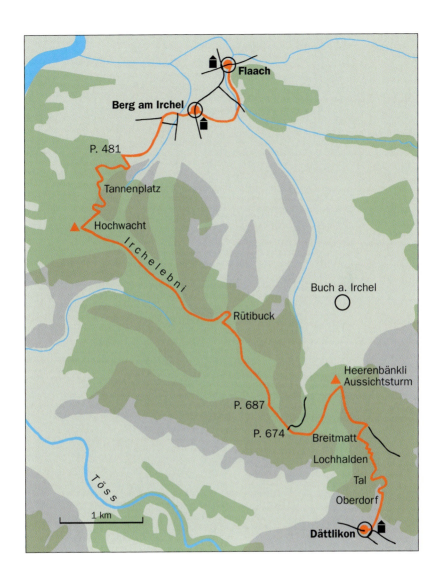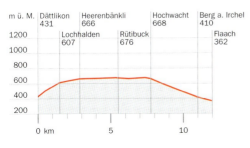

Waldwege durchs Weinland

Einer nach dem andern sind die Fahrgäste aus dem Postauto ausgestiegen, das uns über Neftenbach–Pfungen nach Dättlikon bringt. So sind wir nur mehr die einzigen Passagiere, als der Wagen elegant auf den Parkplatz des Gasthofs Traube kurvt, mitten im Dorf. Dättlikon, obwohl zum Bezirk Winterthur gehörig, ist für mich ein böhmisches Dorf.

Wie die unzähligen Ortsnamen im Mittelland, die auf -kon (oder in ihrer vollen Form: -inghofen) enden, muss es sich um eine Siedlung alamannischen Ursprungs aus der ersten Ausbauphase (7. Jahrhundert) handeln, bezeichnet das Suffix -hoven doch die Höfe eines Sippenführers bzw. -ingun seine Leute; «zi Tetelinchoven» heisst also bei den Höfen der Leute des Tettilo. Übers Internet ist ebenfalls nichts über das Dorf zu erfahren; eine Website gibt es nicht. Im «Schweizerischen Kunstführer» findet sich nur gerade mal ein halbes Dutzend Zeilen über die Dättliker Kirche, welche offenbar eine schöne Barockorgel birgt, sowie das Pfarrhaus. Beides nicht zu übersehen: die Kirche mit einem schlanken, spitzen Turm auf einer Anhöhe, davor der imposante Riegelbau der klerikalen Residenz.

Einige weitere schöne Fachwerkhäuser stehen auch beidseits der Unterdorfstrasse, der wir jetzt folgen. Dann biegen wir schräg gegenüber des Gemeindehauses ins Oberdorf ein, wohin der Wegweiser Richtung Irchel und Hochwacht zeigt. Wir fragen uns noch, warum das verblichene Wappen an der Fassade des Gemeindehauses ein Winzermesser zwischen zwei Trauben zeigt. Schon nach wenigen Schritten bekommen wir Antwort: Am Ausläufer des Irchels, an dessen Südflanke das 500-Seelen-Dorf liegt, breitet sich ein stattlicher Weinberg von etwa vier Hektaren aus. Und eine Tafel zeigt an, dass im Familienbetrieb auch selbst gekeltert und verschiedene Rebsorten kultiviert werden: Blauburgunder, Gewürztraminer, Léon Millot, Seyval blanc.

Turmbau zu Buch

Durch ein schattiges, feuchtes Tal steigt der Weg mässig bergan. Aus den feuchten Wiesenspickeln, die sich zwischen den Hochwald schieben, steigt der Dunst, und langsam beginnt die Sonne schillernde Flecken ins Unterholz zu malen. Überraschend stossen wir auf einen Gürtel von Binsen und Riedgras, die den feuchten Grund anzeigen. Zwei Pferdebarrieren stören den Fussgänger nicht. Weiter durch den lichten Wald, gewinnen wir stetig an Höhe und gelangen zur Lichtung der Breitmatt, die von ihrer Form her

Das andere, beschauliche Gesicht des Kantons: Flaacherfeld mit Buch am Irchel.

eigentlich Rundmatt heissen müsste. Das Hochplateau ist nun erreicht, auf gut markierten Waldstrassen erreichen wir einen markanten Dreiweg. Statt direkt die Hochwacht anzupeilen, wenden wir uns nach rechts und erreichen in etwa zehn Minuten den Aussichtsturm Heerenbänkli.

Der filigrane Turm, eine sich gegen oben stark verjüngende Eisenkonstruktion, ragt weit über die Baumwipfel und verspricht bei klarem Wetter eine überwältigende Sicht auf das Flaachemer Tal und die Vulkankegel des Hegaus, auf den Randen und bis hinüber in den Schwarzwald. Ein erster Turm wurde, wie eine Tafel besagt, 1930 errichtet, gestiftet vom Buchemer Bürger Jakob Zinniker. Der jetzige Eisenturm stammt aus dem Jahr 1983 und ist ein Gemeinschaftswerk der Gemeinde Buch und des zürcherischen Elektrizitätswerks. Seine Plattform, 28 Meter über dem Boden, liegt 694 m ü. M, die Gesamthöhe mit dem Antennenmast beträgt 63 Meter, sein Gewicht 32 000 Kilogramm. 150 Tritte, wenn ich mich nicht verzählt habe, führen hinauf zur Plattform, zuerst im Geviert, dann als Wendeltreppe. Unmittelbar vor uns im Norden liegen die Dörfer Buch, Berg, Volken und Dorf. Ossingen und Andelfingen, Rheinau und Ellikon am Rhein sind eher zu ahnen als zu sehen. Gegen Südosten staffelt sich ein blau-grünes Hügelmeer, dort muss Winterthur liegen, auszumachen am Sulzer-Hochhaus. Gegen Westen und Süden schweift der Blick über den bewaldeten Molasserücken des Irchels.

Mini-Staat am Wegrand

Wieder auf der Hauptroute, folgen wir nun dem Schild Richtung Hochwacht. Der breite Weg führt ohne nennenswerte Niveauunterschiede die Südkante des flachen Bergrückens entlang. Kurz nachdem wir den Wegweiser, der den Abstieg linker Hand nach Freienstein signalisiert, passiert haben, gabelt sich unser Höhenweg ein weiteres Mal. Zur Wahl steht die linke Route über Forenirchel oder die rechte über Wilemer Irchel – ein Blick auf die Karte zeigt aber, dass sich die beiden nach gut einem Kilometer wieder vereinen. Wir wählen die rechte Variante, weil sie am Rütibuck nochmals einen Fernblick verspricht.

Vorerst aber fasziniert der Nahblick auf einen gewaltigen Ameisenhaufen. Krabbelnde Hektik, die mir völlig ziel- und planlos scheint und doch offensichtlich einer höheren Ordnung gehorcht. Wie sonst wäre ein derart ansehnliches Ameisennest zu Stande gekommen, von dem nochmals ein mindestens ebenso grosser Teil unter dem Erdboden liegt? Sechs Arten von Roten Waldameisen gibt es übrigens in der Schweiz; doch nur in Graubünden kommen alle vor; ganze 133 Ameisenarten leben in der Schweiz und 9000 weltweit. Die Roten Waldameisen mit ihren charakteristischen Nestkuppen aus Tannennadeln und Holzstückchen stehen unter Schutz, da sie ein wichtiges Glied im Ökosystem des Waldes darstellen: Sie tragen bei zur Durchlüftung des Bodens und zur Humusbildung. Durch die Pflege von Honigtauinsekten fördern sie deren Honigproduktion und tun sich am süssen Saft gütlich. Sie beseitigen Kadaver und dienen ihrerseits anderen Tieren als Nahrung. Schliesslich mehren sie die Artenvielfalt der Flora, indem sie die Samen vieler Waldpflanzen verbreiten, z.B. von Salomonssiegel, Waldveilchen, Waldanemone, Ehrenpreis und anderen.

Wohl organisierter Kleinstaat mit strikter Aufgabentrennung.

Ausguck auf dem Irchel: einst Wachtposten, heute Ausflugsziel.

Der Blick in die Ferne auf dem Rütibuck schweift wiederum gegen Nordosten übers Weinland mit den von der Turmaussicht bekannten Dörfern. Eine Waldhütte, als «Viersternehotel» klassiert, und ein lauschiger Rastplatz locken an Sonntagen wohl viele Ausflügler hierher.

Die Wacht am Rhein und andere mehr

Nach einer weiteren halben Stunde über die Irchelebni erkennen wir zwischen den Stämmen die typische Triangulationspyramide der Hochwacht (668 m ü. M.), ein weiterer aussichtsreicher Rastplatz mit Feuerstelle, Bänken und Tischen, beschattet von Eichen und Buchen. Diesmal jedoch geht der Blick gegen Nordwesten. Deutlich zu erkennen sind der Eisenbahnviadukt und die Brücke von Eglisau sowie die weissen Kuben des Werkhofs beim Bahnhof Hüntwangen, dahinter die Hügelzüge des Kalten Wangens, rechts davon der bewaldete Buckel des Honeggs und zu dessen Füssen die Dörfer Buchberg und Rüdlingen, deren Kirche wie ein Wachtposten über den Rebhängen am Rhein aufragt. Direkt über der Kirchturmspitze liegt das Rafzerfeld mit Rafz und dahinter die Hügel des Klettgaus. Das Bett des Rheins, der sich hier in einer spitzen Kurve heranschiebt, wie auch die aus

Das Wanderbild schlechthin: ein Weg und ein Ziel – Berg am Irchel.

Osten zufliessende Thur kann man lediglich als Waldstreifen ausmachen; die Wasserläufe selbst sieht man nicht. Mit viel Fantasie können wir weiter nordwärts die Rheinau erkennen; am Horizont verliert sich der Blick im Schwarzwald.

Solche Hochwachten wurden natürlich nicht geschaffen, um Ausflüglern den Genuss der Rundsicht zu bieten. Das Netz der zürcherischen Hochwachten stammt vielmehr aus der unsicheren Zeit des Dreissigjährigen Kriegs (1618–1648). Während dieser Zeit wurde das Zürcher Militärwesen, die so genannte Zürcher Quartierordnung, reorganisiert. Unter Oberst Hans Jakob Steiner wurde zwischen 1624 und 1644 ein Hochwachtensystem als Alarmnetz eingerichtet und bis zum Untergang der Alten Eidgenossenschaft 1798 genutzt. Ein Wachtturm an dieser Stelle bot Sichtverbindung zu den Hochwachten Albis-Schnabelburg, Bachtel-Orn, Boppelsen-Hohenlägern, Eglisau-Rheinsberg, Russikon-Tannenberg, Stammheim-Stammerberg, Weiach-Stein, Wildensburg-Cholfirst, Zürich-Üetliberg und Geissberg. Innert 15 Minuten konnte das gesamte Netz der 21 Hochwachten alarmiert werden. Ausgerüstet waren die Hochwachten mit Visierwerk, einem Holzstoss für Rauchzeichen, einer Harzpfanne für Feuerzeichen sowie einem Mörser für akustische Signale. Im späten 18. Jahrhundert entdeckten dann die ersten Alpentouristen diese strategischen Ausguckspunkte, deren militärische Einrichtungen inzwischen längst zerfallen waren. Einer unter ihnen war Johann Heinrich Ebel (1764–1830), ein preussischer Arzt, der sich zeitlebens mit der Schweiz befasste und 1792 eine «Anleitung, auf die nützlichste und genussvollste Art in der Schweitz zu reisen» herausbrachte. Unter anderem enthielt dieser erste schweizerische Reiseführer des Wahlschweizers – Ebel lebte ab 1803 in Zürich – ein Alpenpanorama, gezeichnet von der Albis-Hochwacht auf der Schnabelburg. Im Zweiten Weltkrieg erlebte die Irchel-Hochwacht eine Renaissance als Fliegerbeobachtungsposten, heute ist die Unterkunftsbaracke eine Pfadihütte. 1984 wurden die Überreste der originalen Anlage freigelegt und archäologisch dokumentiert, aber anschliessend zum Schutz gleich wieder zugeschüttet, wie eine Tafel besagt.

Von Sperbern und Spargeln

Nun erfolgt der etwa einstündige Abstieg Richtung Berg und Flaach. In weiten Schlaufen führt der bequeme Waldweg talwärts über den Tannenplatz. Hier reckt ein halbes Dutzend solitäre hochstämmige Tannen seine Wipfel wie Wimpel ins Ätherblau, wo ein Milan kreist. Apropos: Im Dorfzentrum von Berg am Irchel, ungefähr gegenüber der Kirche, betreibt Veronika von Stockar seit vielen Jahren eine Greifvogel-Pflegestation. In Zusammenarbeit mit dem Tierspital Zürich nimmt die Vogelfreundin junge oder verletzte Milane, Bussarde, Falken, Sperber, Habichte oder Eulen bei sich auf, lässt sie, falls nötig, operieren und päppelt sie auf, um sie nach 4 bis 6 Wochen wieder in die Freiheit zu entlassen. Entstanden sei das Hobby, das viel mehr Zeit fordert als eine blosse Freizeitbeschäftigung, als ihre Kinder vor Zeiten einen flugunfähigen Vogel mit nach Hause brachten und sich ihre glückliche Hand im Umgang mit Vögeln rasch herumsprach. Seither bringen ihr Leute von nah und fern die gefiederten Patienten. Wer die ornithologische Reha-Klinik besuchen will, muss sich telefonisch anmelden. «Aber ein Streichelzoo ist es nicht», sagt die engagierte Frau. Das Wohl der Tiere stehe in jedem Fall über der Schaulust der Besucher.

Schliesslich weicht der Wald zurück, der uns bis hierher begleitet hat. Wir treten auf offenes Wies- und Ackerland. Die Landwirtschaftsstrasse führt uns geradewegs ins Zentrum von Berg am Irchel. Beidseits breiten sich Obstkulturen, Sonnenblumenfelder und rechter Hand ein erstes Spargelfeld aus. In langen Furchen steht das filigrane, silbergrüne Spargelkraut. Die Gegend um Flaach ist ja bekannt für den Spargelanbau. In den 1930er-Jahren hat ein innovativer Bauer das Gemüse offenbar aus dem Wallis auf die hiesigen Sandböden importiert und so einen neuen Agrarzweig geschaffen, von dem heute auch die Gastronomie profitiert, sieht man doch vor vielen Gasthäusern in der Gegend Anzeigetafeln, die von April bis Juni zum Spargelschmaus einladen. Mit Mayonnaise, Vinaigrette, Béarnaise und Parmaschinken. Dazu ein Tropfen aus der Gegend. Falls sich danach ein Völlegefühl einstellen sollte: Propagiert wird auch Eigenbrand aus heimischem Gewächs. – Eben biegt der Regionalbus, der uns nach Winterthur bringen wird, um den Rank und bereitet den imaginären Schlemmereien ein abruptes Ende.

Spargel, einst aus dem Wallis importiert, gedeiht auch im Flaacherfeld.

10 Eine Tour an der Thur

Von Ossingen die Thur entlang nach Rüdlingen

Route	Ossingen–Husen–Chli Au–Gross Au–Werdhof–Kleinandelfingen–Andelfingen–Niderfeld–Inslen–Thurspitz–Steubisallmend–Ziegelhütte–Rüdlingen
Anreise	SBB oder S 7, S 8 oder S 12 (☐ 750) von Zürich nach Winterthur und S 29 (☐ 821) von Winterthur nach Ossingen
Rückreise	ZVV-Bus 670 (☐ 800.670) von Rüdlingen nach Winterthur und SBB oder S 7, S 8 oder S 12 (☐ 750) von Winterthur nach Zürich
Wanderzeit	4½ Stunden
Karten	Landeskarte 1:25 000, Blätter 1052 «Andelfingen» und 1051 «Eglisau»
Gaststätten	Ossingen, Andelfingen, Steubisallmend, Ziegelhütte, Rüdlingen
Besonderes	Historischer Dorfkern von Ossingen und Hausen, Schloss Widen Andelfingen, Schlosspark (www.schlossandelfingen.ch) Flusswanderung Zusammenfluss Thur-Rhein Dorfkern mit Riegelhäusern in Rüdlingen Baden an der Thur und am Rhein

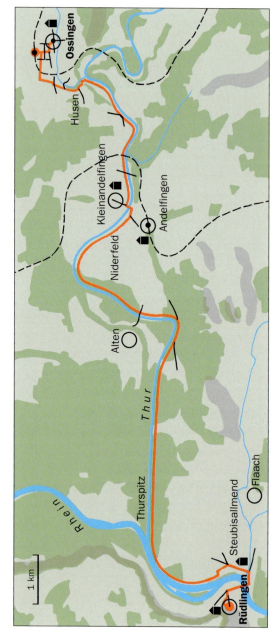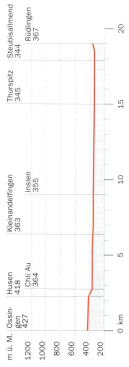

Seenplatte und Rebstöcke

Als wir beim Bahnhof Ossingen aus der S-Bahn steigen, bin ich etwas enttäuscht. Ein mittelländischer Bahnhofplatz wie hundert andere auch: Güllen oder so. Ein Abstecher zum Siedlungskern der Leute des Ozzo, wie der alamannische Ortsname besagt, korrigiert das Vorurteil: Da stehen sie, manierlich um die Kirche mit dem Käsbissenturm geschart, die schönen Riegelhäuser, allerdings nicht aus alamannischer Zeit, sondern vorwiegend aus dem 16. bis 18. Jahrhundert. Die Gegend um Ossingen muss schon sehr viel früher besiedelt gewesen sein: Bei seinem Rückzug in der letzten, der Würmeiszeit, vor rund 10 000 Jahren liess der Rheingletscher im Gebiet zwischen Rhein und Thur eine Vielzahl von Wallmoränen zurück, zwischen deren Hügelkuppen sich das Toteis nach der Schmelze zu so genannten Söllen, runden Weihern und Flachmoorgebieten, sammelte, welche die nordostschweizerische Seenplatte bilden. Das weitere Vordringen des Pflanzengürtels, aber auch künstliche Entwässerung zur Gewinnung von Kulturland und massiver Torfabbau liessen viele davon ganz verschwinden (vgl. Seite 22). So ist auch der romantische Husemersee ganz in der Nähe innert 400 Jahren fast um die Hälfte auf acht Hektaren geschwunden. An seinen Ufern siedelten in der Jungsteinzeit, also um 3000 v. Chr., «Pfahlbauer» – eben nicht auf, sondern am Ostrand des Gewässers. Knochenfunde von Wild-, aber auch von Haustieren sowie Spuren von Saatgut lassen auf Sesshaftigkeit schliessen, was man angesichts dieses fruchtbaren Landstrichs nachvollziehen kann. Aus Kremationsgräbern um 800 v. Chr. förderte man qualitätvolle Töpferware zu Tage, die im Landesmuseum als Ossinger Keramik zu besichtigen ist.

Wir folgen ein Stück weit der Hauserseestrasse, die alsbald die Bahnlinie kreuzt und am Ossinger Rebgelände vorbeiführt, wo nach streng ökologischen Kriterien Riesling x Sylvaner kultiviert wird, wie eine Tafel kundtut und uns bewusst macht, dass wir uns im Zürcher Weinland befinden. Statt jedoch weiter gegen Nordwesten und Richtung See zu gehen,

Hausen: In der Kirche hats fast mehr Bänke als Häuser im Weiler.

wenden wir uns gegen Süden, überschreiten die stark befahrene Andelfingerstrasse und streben über eine Nebenstrasse der Thur zu. Zuvor erreichen wir den Weiler Hausen. Auch hier gibt es ein paar behäbige Riegelhäuser, einen geraniengeschmückten Dorfbrunnen und eine kleine Kirche, die als kompaktes Ensemble zusammen mit dem in unmittelbarer Nähe liegenden Schloss Widen den Eingang des Lattenbachtobels beherrscht. Das Schloss war im 13. und 14. Jahrhundert Sitz eines habsburgischen Dienstmanngeschlechts, kam später in die Hände einer Schaffhauser Patrizierfamilie und war von 1650 bis 1798 Winterthurer Amtssitz. 1944 wurde es durch den Absturz eines amerikanischen Bombers zerstört und dann wieder aufgebaut. Das sprechende Ossinger Ortswappen, das über dem Hoftor zum Schlossgut prangt, zeigt übrigens das ovale rote Blatt einer Salweide, die in dieser wasserreichen Gegend häufig vorkommt. Heute ist das Anwesen in Privatbesitz; wir müssen uns also mit einem Blick auf die äussere Anlage zufrieden geben, deren Zeltdach zwischen den Baumkronen hervorlugt, und lassen uns zwischen dem Kirchhof und dem Schlosshügel von den gelben Wegzeichen ins Bachtobel hinunterleiten.

Beschauliches Wandern am Strom
Der schattige Weg entlang dem Rinnsal des Lattenbachs führt direkt zu den Sandbänken der Thur und folgt dann auf sandigem Boden deren Lauf. Immer wieder öffnet sich zwischen Erlengebüsch und Silberweiden ein reizvoller Ausblick auf das träge dahinfliessende Wasser. Die morgendliche Ruhe wird nur unterbrochen vom Rattern der Generatoren, mit deren Hilfe die Anrainer die mobilen Pumpen betreiben, um ihre Felder in dieser trockenen Jahreszeit mit Thurwasser zu tränken. Da und dort steigen Wasserfontänen über den Feldern auf und lassen Regenbogen über den Kulturen schillern.

Jetzt – knapp eine Stunde sind wir bereits unterwegs – legen sich die Schlagschatten der Bahnlinie Winterthur–Schaffhausen und dann der Autobahn hoch über dem Flussbett

Beton versus Natur: Autobahnviadukt bei Andelfingen.

Sandbänke, Erlengebüsch, Silberweiden – hier möchte man Biber sein.

quer über unseren Weg. Beim Restaurant Thurbrücke, wo der Pappkamerad vor der heute leider verschlossenen Tür Egli- und Felchenfilets propagiert, erklimmen wir die steile Steintreppe, die uns auf Niveau des Flussübergangs bringt. Noch auf dem diesseitigen Ufer, also in Kleinandelfingen, fällt die kunstvoll gestaltete Strassenfront des Hauses Friedau auf. Über und unter den drei Fensterzeilen des quaderförmigen Baus wuchern gemalte Girlanden, Rankenwerk und Architekturelemente. Seine ganze Sorgfalt aber hat der Frauenfelder «Decorationsmaler» Andreas Carl Keller (1871–1918) darauf verwendet, im Giebelfeld eine Serie berühmter Männer zu konterfeien, um so die Bildungsbeflissenheit der Hausbewohner von damals, 1905, zu illustrieren: Zwingli, Michelangelo, Dürer, Thorwaldsen, Raffael, Pestalozzi blicken da aus gemalten Medaillons auf die Passanten herunter. Selbst die 2000/01 erfolgte Fassadenrenovation brachte kein Damenporträt zum Vorschein. «Wird wohl keine gegeben haben!», meint eine vorübergehende Frau achselzuckend auf meine saublöde Frage.

Über die gedeckte Brücke gehts hinüber nach Andelfingen, wo die Sippe des Alamannen Andolf hauste. Der Bezirkshauptort mit seinen Fachwerkhäusern und seinem romantischen Schlosspark wäre zweifellos einen aus-

Kraut oder Rüben, das ist hier die Frage.

gedehnteren Besuch wert. Wir aber verlassen die ansteigende Landstrasse noch vor der scharfen Linkskurve, um weiter, jetzt auf dem linken Ufer, dem Thurlauf zu folgen – zunächst am Schwimmbad vorbei und auf einem leicht erhöhten Damm, später wieder direkt am Wasser. Lichtes Gehölz prägt das Landschaftsbild. Prallhang und Gleithang; Erosion und Ablagerung in Form von Sand- und Kiesbänken – genau so, wie es das Schulbuch beschreibt. Auch die eigenen Gedanken kommen beim beschaulichen Wandern am Fluss ins Fliessen; die Ruhe lässt sich fast mit Händen greifen – zumal heute, wo wir keiner Menschenseele begegnen.

Aus begangenen Fehlern lernen
Nach einem weiteren überdachten Steg, der nach Alten hinüberführt, und einer letzten grosszügigen Schlaufe wird die Thur plötzlich zum schnurgeraden Kanal. Linker Hand zweigt der Weg nach Flaach ab, wo es, im Frühling, sagt man, den besten Spargel zu kosten gibt (vgl. Seite 90). Da nicht Spargelzeit ist, bleiben wir weiter am Wasser, auch wenn die gleichförmige Landschaft nicht sehr inspirierend wirkt. Als ob er sich in seinem denaturierten Bett langweilte, schiebt der Fluss seine träge Flut zwischen den von Goldruten überwucherten Böschungen dahin. Meine Stimme jedenfalls hätten die Befürworter einer Renaturierung der unteren Thurauen, wie sie zurzeit diskutiert wird. Seit 1999 liegt nämlich ein kantonales Projekt «Hochwasserschutz und Auenlandschaft Thurmündung» für das Gebiet vor, das mit rund 400 Hektaren eine der grössten schweizerischen Naturlandschaften darstellen könnte. Der recht intakte Geschiebehaushalt und die Überschwemmungsdynamik der Thur, meinen die Fachleute, würden eine Revitalisierung der natürlichen Uferzonen auf einer Länge von rund fünf Kilometern zulassen. Zur Verbesserung des Hochwasserschutzes sind neue Hochwasserschutzdämme sowie die Instandsetzung bestehender Dämme vorgesehen. Zusätzlich müssen temporäre mobile Elemente für den Schutz des Dorfes Ellikon bereitgestellt werden. 57 Millionen Franken wer-

Rendez-vous am Thurspitz: Vater Rhein und Tochter Thur.

den für ein solches Vorhaben veranschlagt. Die Umweltschützer sind überzeugt, dass sich «Spaziergänger und Erholung Suchende auf eine attraktivere und abwechslungsreichere Landschaft freuen können, die jederzeit spannende Beobachtungen bietet und ein Ort zum Auftanken ist». Doch wie viel Wasser wird bis dahin noch die Thur hinunterfliessen? Und dann in den Rhein? Was eben jetzt der Fall ist.

Campieren und Baden
Wir befinden uns nämlich am Thurspitz, jener Stelle, wo Rhein und Thur zusammenfliessen. In einer ausgedehnten Schlaufe wendet sich der grüne Strom südwärts, dicht am Wasser der Weg, der erst vom Ufer wegführt, um das Schwimmbad und den Viersterne-Campingplatz Steubisallmend zu umgehen – wusste gar nicht, dass Zeltplätze auch Sterne führen! Über die Ziegelhütte und die ausgedehnten hauensteinschen Baumschulen, wo Thuja, Kirschlorbeer, Schneeball und andere Ziersträucher in Reih und Glied zwischen Bewässerungsrohren stehen, gelangen wir zur Brücke, die nach Rüdlingen führt. Zusammen mit der Nachbargemeinde Buchberg schiebt sich Rüdlingen als Enklave des Kantons Schaffhausen zwischen zürcherisches und bundesdeutsches Gebiet. Die beiden Gemeinden sollen sich im 19. Jahrhundert fürchterlich gestritten haben, erzählt die Dorfchronik. Zankapfel war einerseits die Landverteilung, andererseits der Bau des Turms einer gemeinsamen Kirche, welchen die Rüdlinger partout auf ihrem Gemeindeboden haben wollten, obwohl dies wegen des schlechten Baugrunds gar nicht möglich war. Sie gaben erst Ruhe, als ihnen zugesichert wurde, dass wenigstens das Zifferblatt von ihrem Dorf aus abzulesen sei. Noch heute thront die Kirche hoch über den Dörfern und ihren Rebhügeln, von wo sich ein weiter Blick auf die Rheinlandschaft und den gegenüberliegenden Irchel erschliesst. Allerdings handelt es sich dabei um den Nachfolgebau, da das umstrittene Gotteshaus 1972 niederbrannte. Die Siedlung selbst soll viel weiter zurück datieren; um 400 n. Chr. hat sich der Alamannenführer Hruodo mit den Seinen hier niedergelassen, die erste urkundliche Erwähnung datiert von 827. 1123 wurde das Dorf als Schenkung dem Lehengebiet der Klosters Rheinau zugeschlagen und gelangte 1520 durch Kauf an die Stadt Schaffhausen. Dies und anderes mehr erfährt man auf der Informationstafel im Dorfzentrum, wo angesichts der prächtigen Riegelhäuser, sozusagen das architektonische Markenzeichen des Weinlands, unsere Wanderung auch thematisch ihren Abschluss findet.

11 Auf Dichters Spuren

Von Bülach über Glattfelden nach Kaiserstuhl

Route	Bülach–Bannhalden–Glatthalden–Glattauen–Burenwisen–Schachen–Cholplatz–Glattfelden–Buechenplatz–Laubberg–Burgacher–Rheinsfelden/Zweidlen–Kraftwerk Eglisau–Kaiserstuhl
Anreise	SBB oder S 5 (☐ 760) von Zürich nach Bülach
Rückreise	S 41 (☐ 761) von Kaiserstuhl nach Bülach und SBB oder S 5 (☐ 760) von Bülach nach Zürich
Wanderzeit	5½ Stunden
Karten	Landeskarte 1:25 000, Blätter 1071 «Bülach» und 1051 «Eglisau»
Gaststätten	Bülach, Glattfelden, Kaiserstuhl
Besonderes	Strommuseum Burenwisen: Besuch auf Anmeldung (Tel. 01 867 46 33, www.ekz.ch/experience/burenwisen/plant.asp) Glattfelden: Gottfried-Keller-Zentrum (Tel. 01 867 22 32, www.gkz.ch) und Grüner-Heinrich-Brunnen Niederdruckkraftwerk Rheinsfelden (Tel. 01 867 06 54, www.ekz.ch/experience/eglisau/plant.asp) Kaiserstuhl mit historischem Stadtkern und dem Markgrafschloss Rötteln

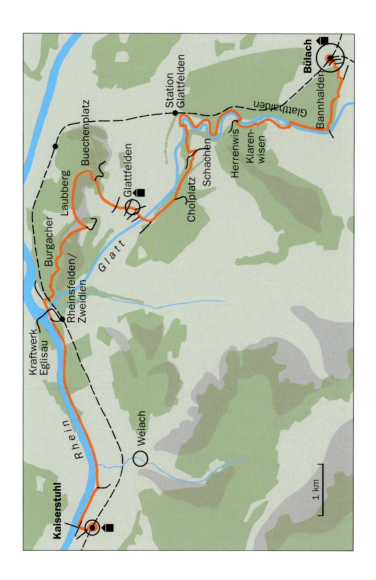

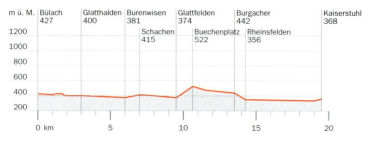

Zwischen Natur und Zivilisation
Nach allen Richtungen streben die gelben Wegweiser. Signalisieren, dass Bülach, Hauptort des gleichnamigen Bezirks, im Zentrum eines dichten Wanderwegnetzes liegt. Wir folgen dem Schild, das nach Hochfelden, Glattfelden und Zweidlen zeigt. Es führt uns zuerst durch die knallig bemalte Unterführung auf die Westseite der Gleise, dann durch ein Wohnquartier und anschliessend schnurgerade zu einem Waldzipfel, vorbei an grünen Kisten für die Hündeler bzw. deren Vierbeiner sowie gepflegten Trimmdich-Pfaden.

Wir bewegen uns, parallel zum Wald, sozusagen auf der Nahtstelle zwischen Zivilisation und Natur: zwischen den Stämmen, linker Hand, Wohnhäuser und das Bezirksspital aus rotem Backstein; rechts das satte Grün des Waldes, in das ein einsamer Jogger den schreienden Farbakzent seines Outfits setzt. Auffallend die vielen Eichen. Die Bannhalden gehören zum grössten zusammenhängenden Eichenwald des Kantons Zürich. «Arm in Arm und Kron' an Krone steht der Eichenwald verschlungen» – vielleicht hat sich Gottfried Keller (1819–1890), auf dessen Spuren wir heute wandern, von diesen mächtigen Bäumen zu seinem «Waldlied» inspirieren lassen? In die «Weltenweise, die der alte Pan auf seiner alten Geige zur Ergötzung der jungen Dichter und der jungen Finken streicht», mischt sich jedoch unüberhörbar ein neuzeitlicher Bassbourdon: das dumpfe Dröhnen der Autobahn, die sich hoch über dem Wanderweg auf Stelzen durch den Wald frisst ... So sind denn die Eichenbestände nur noch ein bescheidener Rest jenes Walds, der im vorletzten Jahrhundert das Gebiet bedeckte, aber sie dienen der ETH als Natur- und Forschungslabor.

Der Haldenweg senkt sich allmählich, wir verlassen den Wald und stehen an der Glatt, die in ihrem Schotterbett gemächlich dahinzieht. Statt die Brücke nach Hochfelden zu überschreiten, folgen wir dem begradigten Fluss. Nach knapp einem Kilometer bringt uns eine weitere Brücke ans andere Ufer. Ein mit schweizerischer Genauigkeit beschilderter kurzer Zickzackkurs lotst uns etwas umständlich zur Landwirtschaftsstrasse, die durchs neu geschaffene Naturschutzgebiet der Glattauen führt. Dieses 12,5 Hektaren grosse Reservat wurde 1980 als Ausgleich für den mit quadratischen Steinblöcken gezähmten Flusslauf geschaffen. Eine Schautafel informiert: Um die Verlandung der Feuchtbiotope durch die fortschreitende Verbuschung zu stoppen, wurden in den lehmigen Böden neue Tümpel angelegt und die wuchernden Gehölze reduziert, sodass Magerwiesen und

Röhricht sowie deren Bewohner – zum Beispiel Schlingnattern und Gelbbauchunken – wieder Fuss fassen können.

Einmal links, einmal rechts
Nach dem Schutzgebiet wechseln wir, argwöhnisch von ein paar Gäulen beobachtet, wieder zurück ans rechte Glattufer. Eine breite, bequeme Naturstrasse folgt dem Mäander des Flusses; links Wasser, rechts Wald. Das Holz lichtet sich, und über dem saftigen Wiesengrund taucht ein ockerfarbiges Gebäude mit einem gedrungenen, turmartigen Anbau auf. Alle Türen sind verriegelt, aber ein Forstarbeiter gibt bereitwillig Auskunft: «Alti Turbine-n-und so Züügs» gebe es da zu besichtigen. Es handelt sich um das Flusskraftwerk Burenwisen, das ab 1891 als eines der ersten in der Schweiz Strom produzierte. Wegen der immer wiederkehrenden Überschwemmungen musste das Bett der Glatt stark korrigiert, das heisst tiefer gelegt, werden. Deshalb wurde Burenwisen 1976 zusammen mit den anderen elf Kleinkraftwerken am Unterlauf der Glatt stillgelegt. Im Gegenzug konnte die Maschinengruppe an ihrem ursprünglichen Standort als anschauliches Schnittmodell für angemeldete Besuchergruppen zugänglich gemacht werden (Anmeldung erforderlich). Heute befindet sich im ehemaligen Kleinkraftwerk ein Informationszentrum der zürcherischen Kraftwerke (EKZ) mit Experimenten, Tonbildschau und Maschinen zum Thema Strom. Zusätzlich laden Picknickplätze mit Feuerstellen zum Verweilen – aller Elektrizität zum Trotz, die Würste vom echten Feuer sind halt noch immer die besten!

Bauerngarten mit akkurat getrimmten Buchshecken.

Der nächste Flussübergang bringt uns wieder ans linke Ufer. Eine Tafel doziert, dass wir nun quasi den dichterischen Fussstapfen Gottfried Kellers folgen. 1995 wurden 14 Tafeln mit Ausschnitten aus seinen Gedichten und seinem Prosawerk aufgestellt, denen im Frühling 2001 noch drei weitere folgten und so den Poetenweg bis nach Kaiserstuhl verlängerten, das auch unser Ziel ist. Über freies Gelände erreichen wir den Weiler Schachen, wie weiland der Grüne Heinrich, der diesen Weg oft gegangen ist,

Gottfried-Keller-Dorf Glattfelden: Auch hier wird spekuliert und gebaut.

als er von Zürich aus seinen Onkel mütterlicherseits, den Glattfelder Arzt Heinrich Scheuchzer, besuchte und bisweilen selbst die Sommerferien da verbrachte. Denkbar, dass auch er mitunter den Durst mit frischem Apfelsaft löschte, wie wir es jetzt unter dem Vordach eines Bauernhauses tun, wo eben gemostet wird: der Plastikbecher aus dem Automaten für einen Franken – «tempora mutantur».

In seiner Heimat grünem Tale ...
Zeitenwandel konstatieren wir auch, als wir, durch Obstgärten, Rebgelände und Wald dem Tengemer Chilewäg folgend, auf die Lichtung Cholplatz treten, einen offenbar beliebten Rastplatz: Welche Gedichtzeile wäre dem Göpfi wohl angesichts der hipen Bänke und Tische aus rezyklierten Snowboards eingefallen? Irgendein Rap wahrscheinlich. Poetisch jedenfalls hat er Blick aufs Etappenziel Glattfelden gefasst, das mit seinem Käsbissenturm jetzt zwischen den Stämmen blinkt: «Endlich sah ich das Dorf zu meinen Füssen liegen, in einem kleinen, grünen Wiesentale, welches von den Krümmungen eines leuchtenden Flusses durchzogen und von belaubten Bergen umgeben war.» Aber auch hier machen Baukräne und wuchernde Eigenheimsiedlungen deutlich, dass die Zeit nicht stehen bleibt. Über die

gedeckte Hegstenbrücke aus dem Jahr 1980 gelangen wir ins Dorf und – eben nicht vorbei am Haus von Kellers Onkel, das 1956 abgerissen wurde! – hinauf zum geschützten Dorfkern. Glattfelden, ursprünglich ein vorwiegend durch Landwirtschaft geprägtes Dorf, erlebte bereits im späten 19. Jahrhundert durch die Ansiedlung von mehreren Textilfabriken eine vorübergehende Industrialisierung. Der tief greifende Strukturwandel von der Industrie- zur Dienstleistungsgesellschaft führte auch hier zur Schliessung der Textilbetriebe und liess die typische Agglomerationsgemeinde entstehen mit knapp zwei Dutzend, zum Teil nebenamtlich geführten Landwirtschaftsbetrieben, vorab in den einstigen Aussenwachten Schachen, Rheinsfelden und Zweidlen. Das Wappen Glattfeldens – drei schwarze Hirschstangen auf Goldgrund – aber erinnert noch immer an die Feudalzeit, als die Grafen von Tengen-Nellenburg ihrem grundherrlichen Jagdvergnügen nachgingen und als Besitzer der Herrschaft Eglisau auch die hohe Gerichtsbarkeit ausübten.

Wir stehen nun vor dem Gottfried-Keller-Zentrum mitten im Dorf. Die 1979 von der Kirchen- und der politischen Gemeinde gegründete und 1985 eröffnete Begegnungsstätte enthält eine Galerie, einen Restaurationsbetrieb, örtliches Gewerbe und Wohnungen. Vor allem aber in fünf historischen Räumen eine permanente Ausstellung über den berühmtesten Glattfelder Bürger, mit Leihgaben der Zentralbibliothek Zürich – Schriftdokumente, Bilder – und einer Video-Schau, welche Leben und Werk Kellers lebendig werden lassen. Hinter dem Haus steht die Judith-Säule des Bildhauers Eduard Spörri. Darauf eine Frauengestalt mit Apfelkorb; die verführerische Weiblichkeit, die dem Grünen Heinrich die Röte in den Kopf trieb, ist zwar ziemlich plump geraten. Dagegen sind die Kuchen im Kafi Judith um die Ecke schon eine Sünde wert.

Bevor wir den Laubberg in Angriff nehmen, noch ein kleiner Umweg durchs Schnapsgässchen, vorbei am Haus von Kellers Grossmutter und hinüber zum Schulhaus Hof, wo der Heiri, von Ernst Heller in Stein gehauen, auf einer Brunnensäule sitzt;

Grüner Heinrich: über den Wandel der Zeit sinnierend?

Hier trafen sich Sali und Vrenchen zum heimlichen Tanz.

auf dem Kopf jene «philiströse Schirmmütze», das Kinn nachdenklich in die Hand gestützt. Und auf dem Sockel selbst die vier weiblichen Romangestalten in Halbrelief: die Mutter, das Meretlein, die todkranke Anna und, wiederum, die lebensvolle Judith.

Kräne über Kornfeldern

Nach dieser geballten Literaturlektion geht es bergwärts, vorbei an der Post, dann über die Autobahn und auf einem Feldweg Richtung Buechenplatz, wo – der Name sagts – der Wald willkommenen Schatten bietet. Nun folgt die Route dem südlichen Rand des Laubbergs bis zu den Laubberghöfen, wo der Blick aufs grüne Tal und eine weitere Gedenktafel an den Deutschunterricht erinnert: «Es wallt das Korn weit in die Runde …», wobei die Idylle durch die rege Bautätigkeit, so weit das Auge reicht, etwas angekratzt wird. Über einen Feldweg erreichen wir das Paradiesgärtli am nördlichen Rand des Hügelzugs, also jenen imaginierten Tanzplatz, den Sali und Vrenchen aus «Romeo und Julia auf dem Dorfe» im Geheimen aufsuchen. Von hier schweift der Blick hinab auf den grünen Rhein und das Rafzerfeld. Und hier, man staunt, bekommt das zitierte Gedicht besondere Würze, scheint es doch den schweizerischen Inselstatus im vereinten Europa bereits zu hinterfragen: «Du stiller Ort am alten Rhein, wo ungestört und ungekannt ich Schweizer darf *und* Deutscher sein!» Keller, ein Europäer avant la lettre?

Ein weiterer Keller-Text weist auf die wenig unterhalb gelegene Heidenstube hin, einen felsigen Unterstand in der Nagelfluhwand, wo sich Ungläubige vor der zwangsweisen Christianisierung verbargen und auch andere Verfolgte Schutz suchten, wie eine Romanepisode im «Grünen Heinrich» erzählt. Kellers köstliche Ironie zeigt sich schliesslich in der Nähe eines Hochsitzes auf dem Burgacher, wo er als «Sonntagsjäger» – natürlich nur poetisch – einen Hasen erlegte und die viel besungene Weidmannslust gleich damit.

Strom vom Strom
Über die Felder der Ebni und durch die Bahnunterführung gelangen wir nach Rheinsfelden zum Kraftwerk. Kein Keller-Gedicht? Wie auch! Die Stromfabrik, die jährlich noch immer mit sieben Francisturbinen gut 240 Millionen kWh Strom generiert, wurde erst zwischen 1915 und 1921 erbaut. Wir gehen am rötlichen Maschinenhaus vorbei. Wer genug hat vom Wandern und Dichten, mag sich jetzt nach links wenden und wird in wenigen Minuten die SBB-Station Zweidlen erreichen. Die Unentwegten jedoch folgen weiter dem Rheinuferweg, der durch lichtes Gehölz nach Kaiserstuhl

Jede Schraube unter Denkmalschutz: das Niederdruckkraftwerk Eglisau-Glattfelden.

Markgräfliche Burg Rötteln, markanter Brückenkopf im grossen Kanton.

führt. Die Poetik bekommt nun Konkurrenz von der bildenden Kunst, die sich entlang der Uferböschung mit verschiedenen Skulpturen von zeitgenössischen Künstlern manifestiert. Nach einer knappen Stunde taucht jenseits des Rheins Hohentengen auf, und wenig später kommen diesseits die Dächer von Kaiserstuhl in Sicht. Das Brückenstädtchen wurde 1254 durch einen Regensberger gegründet, kam in der Folge in konstanzischen Besitz und gehört seit dem 15. Jahrhundert zur Schweiz. Behäbige Bürgerhäuser säumen die zwei Gassen, die steile Hauptgasse und die parallel zum Fluss verlaufende Rheingasse. Diese bilden sozusagen Grund- und Höhenlinie des Befestigungsdreiecks, das von drei Ecktürmen bewacht wird, von denen der Obere Turm der wichtigste war und noch heute das Stadtbild prägt. Zentrum des Fleckens ist der Widderplatz mit dem achteckigen Brunnen – im Mittelalter wohl der Chatroom der Bevölkerung. Am deutschen Ufer, zur Befestigung des nördlichen Brückenkopfs, liegt die Burg Rötteln oder Rotwasserstelz, die als einzige der drei Wasserstelz-Festen noch erhalten ist. Auch sie haben Keller offenbar inspiriert, wie in seiner Minnesänger-Novelle «Hadlaub» nachzulesen ist. Sie wieder einmal zu lesen, nehme ich mir für die kommenden Wintertage vor, während wir durch die Hauptgasse hinauf zum Bahnhof gehen.

12 Kommt uns sehr «gelägern»

Von Regensberg über die Lägern nach Baden

Route	Regensberg–Hochwacht–Ruine Alt Lägern–Burghorn–Schartenfels–Baden
Anreise	S 5 (☐ 760) von Zürich nach Dielsdorf und ZVV-Bus (☐ 800.593) von Dielsdorf nach Regensberg
Rückreise	SBB oder S 12 (☐ 710) oder S 6 (☐ 703, via Furttal) von Baden nach Zürich
Wanderzeit	4 Stunden
Karten	Landeskarte 1:25 000, Blätter 1071 «Bülach» und 1070 «Baden»
Gaststätten	Regensberg, Lägern Hochwacht, Schartenfels, Baden
Besonderes	Regensberg: mittelalterliches Stadtbild, Schlossturm und Sodbrunnen Galerie Rote Rose (www.roterose.ch, Tel. 01 854 10 13) Lägern Hochwacht Schloss Schartenfels Baden: Altstadt, Landvogteischloss (Historisches Museum (www.museum.baden.ch, Tel. 056 222 75 74) Thermalbad

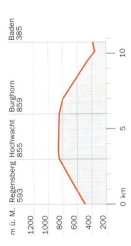
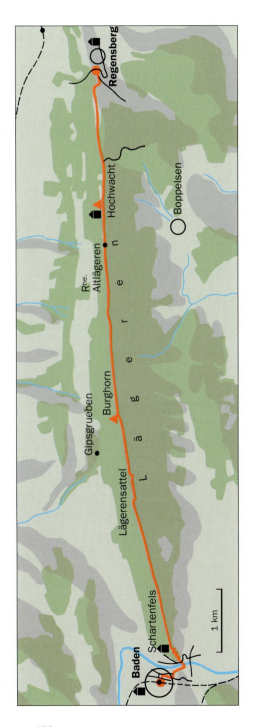

Das Rätsel des runden Turms
Regensberg, Ausgangspunkt – oder wers partout andersrum will: Ziel – unserer Wanderung, liegt auf dem östlichsten Sporn der Lägern: ein heiles Bilderbuchstädtchen, dessen malerische Häuserzeilen einen ovalen, geschlossenen Stadtkern und eine von weither markante Silhouette bilden. Dahin lotsen die Zürcher gerne ihre auswärtigen Gäste, weil man hier Kulturgeschichte und Gastronomie in einem Aufwisch erledigen kann. Allerdings, die legendäre «Krone», ein weitherum bekanntes Schlemmerlokal, liess im Jahr 1997 das Herdfeuer aus Rentabilitätsgründen ausgehen; aber es sorgen noch immer drei Spunten fürs leibliche Wohl. Dazu kommen die noblen Bed-and-Breakfast-Herbergen in der Oberburg, das Haus Engelfried, ein behäbiger Amtsschreibersitz, und die Rote Rose, ein schöner Fachwerkbau. Beide gehören der Familie der bekannten Blumenmalerin Lotte Günthart-Maag (*1914), deren akkurate Rosenporträts in der dazugehörigen Galerie auf Voranmeldung besichtigt werden können. Nur schon die Vorgärten präsentieren sich als floreales Gemälde: Phlox, Rittersporn, Malven, Lupinien und Rosen, Rosen, Rosen.

Da uns soeben der Bus von Dielsdorf zum Städtchen heraufchauffierte, wäre eine Einkehr unbotmässig, gegen einen kulturhistorischen Rundgang ist jedoch nichts einzuwenden. Eingestimmt dazu werden wir von einem mächtigen Wandbrunnen, geschmückt mit Repliken jener halbreliefartigen Wappen, die bis zu ihrem Abbruch 1866 die beiden Stadttore zierten: Sie stammen aus der Zeit, da das Landstädtchen Zentrum des zürcherischen Vogteigebiets war, also von 1409 bis 1789. Gegründet wurde der Ort viel früher, das meiste der mittelalterlichen Bausubstanz ist allerdings nicht mehr vorhanden, da der Flecken 1540 fast vollständig abbrannte. Die Regensberger, in Zeitläuften der Kreuzzüge rasch zu Macht und Reichtum aufgestiegen, verfügten bald über weitläufige Besitzungen, die einen breiten Korridor von Baden übers Furttal bis ins Zürcher Oberland umfassten. Stammsitz war die um 1040 erbaute Burg Alt-Regensberg, deren Ruine zwischen Regensdorf und Katzensee zu besichtigen ist. Neu-Regensberg, Burg und Stadt, wurde gleichermassen aus repräsentativen wie aus strategischen Gründen im Jahr 1244/45 durch Lütold V. (gestorben ca. 1250) gegründet, um hier das weithin sichtbare Zentrum seiner ausgedehnten Landherrschaft zu markieren. Dem einflussreichen Geschlecht der von Reginsperch verdanken einige mittelalterliche Städtchen ihre Entstehung. So Grüningen, Glanzenberg und Kaiserstuhl sowie die Klöster Rüti und

Rundturm à la bourguignonne, das Wahrzeichen von Regensberg.

Fahr (vgl. Seiten 19, 107, 123, 125). Man nimmt an, dass das Geschlecht ursprünglich aus der Gegend von Mâcon-Montbéliard stammt. Anlass zu dieser Vermutung gibt auch der für die Nordschweiz untypische Rundturm von Neu-Regensberg, der – laut Experten – auf burgundisch-französische Tradition hinweist und auffällig an die Burganlagen von Romont und Gruyères erinnert. Eine andere Erklärung für den runden Bergfried wäre die eheliche Verbindung des Stadtgründers Lütold mit Berthe de Neuchâtel. Wie dem auch sei: Der Turm, den seit 1766 statt des ursprünglichen Spitzhelms eine offene Zinne 21 Meter über dem Boden krönt, ist den Aufstieg nur schon wegen des Rundblicks wert. Und die Idee, dass da ein rauer Ritter seine savoyardische Gattin mit einem phallischen Turm beeindrucken wollte, ist doch so männ(sch)lich! Im Schloss, 1583 auf den alten Grundmauern als Vogtei neu erbaut, wurde im Jahr 1883 ein Erziehungs- und Schulheim eingerichtet. Aus alter Zeit stammt auch der mit 57 Metern tiefste Sodbrunnen der Schweiz, überlebenswichtig in Perioden der Belagerung; aus der Barockzeit dagegen datiert der daneben liegende zehneckige Brunnen, auf dessen grazil er Säule ein Zürileu sitzt.

Bei der Gründung von Neu-Regensberg dürfte wohl auch die Erbfolge – Lütold hatte zwei Söhne – mitgespielt haben, denn ab etwa diesem Zeitpunkt teilt sich die Linie und steuert auch rapide auf den Niedergang zu: Schon immer hatten die stolzen Regensberger mit der Stadt Zürich im Clinch gelegen, die ihrerseits mit Habsburg paktierte. Dieses aufstrebende Adelsgeschlecht war daran interessiert, jegliche Konkurrenz durch Kauf oder Entmachtung auszubooten. Erste Verluste mussten die Regensberger bereits in der Fehde von 1267 hinnehmen (vgl. Seiten 10 und 125). 1302 mussten sie ihren Sitz ganz an die Habsburger abtreten, die ihn 1409 an Zürich weiter verpfändeten.

Seit 1865 bilden Ober- und Unterburg eine selbstständige politische Gemeinde des Bezirks Dielsdorf. Bis ins 19. Jahrhundert blieb die Bevölkerung ziemlich konstant bei etwa 200 Einwohnern, stieg dann seit den frühen 1960er-Jahren von 240 auf 550 (1990) und beträgt heute (2004) rund 440 Personen. Zu wenig, meint man bei der Gemeindeverwaltung. Der Dorfladen überlebt nur dank Subventionen, die Post ist zur Agentur geschrumpft, Vakanzen in Behörden und Kommissionen sind immer schwieriger zu besetzen, die Schule überlebt nur dank Tagesschulbetrieb, wozu auch auswärtige Kinder einbezogen werden. Der zweifellos wichtige Schutz des Ortsbildes torpediert Neubauten und Umzonungen; der hohe Anteil an Wohneigentum verhindert die dringend nötige Bevölkerungsumschichtung, was die Überalterung stoppen würde. Dies die Kehrseite des exquisiten Wohnens im Freilichtmuseum – Probleme, die man auch in Grüningen und Kyburg kennt. 150 bis 200 zusätzliche Einwohner wären dringend nötig.

Zwischen Pyrenäen und Neusiedler See
Nach diesem Gang durch 700 Jahre Historie, die sich hier auf 239 Hektaren fokussiert, machen wir uns auf zur eigentlichen Wanderung, wo sich die kurzen Jahrhunderte der Menschheitsgeschichte angesichts der erdgeschichtlichen Dimensionen der Lägern geradezu lächerlich ausnehmen. Wir wenden uns westwärts und folgen ein kleines Stück dem Strässchen Im Güetli, von dem bald schon ein Weg rechtwinklig nach rechts abzweigt. Gelbe und rot-weisse Markierung besagt: Berg- und Wanderweg in einem. Ein weiteres Schild informiert darüber, dass wir uns überdies auf einem Teilstück des europäischen Fernwanderwegs E 4 befinden, der von den

Ziemlich «gäch», der Gratweg auf der Lägern, dem andern, wilden Zürcher Hausberg.

Utopia auf der Lägern-Hochwacht: ein Leitsystem für Flugzeuge.

Pyrenäen über den Jura zum Neusiedler See und nach Griechenland führt. Das macht auch bewusst, dass die Lägern einen Teil des Juras darstellt. Als scharfe, elf Kilometer lange Krete hebt sich dessen östlichster Ausläufer wie der Buckel eines Wals über die flachen, glazial stark bearbeiteten Täler und Molassehügel der Umgebung: im Norden das Wehntal, im Süden das Furttal und im Osten das Glatttal. Im Westen wird der Ausläufer von der Limmat durchbrochen, bevor er in die sich auffächernden Ketten des Faltenjuras übergeht.

Entstanden ist der Jura infolge eines Schubs aus den Alpen Richtung Nordwesten, der etwa vor 9 Millionen Jahren einsetzte. Dabei wurde die noch nicht verfestigte Erdkruste aufgefaltet, es kam zu Überschüben und am Nordschenkel auch zum Überkippen der Falten gegen Norden. Die Verwitterung der Kippfalten erlaubt einen Einblick in die tieferen Schichten der Lägern wie in eine aufgeschnittene Zitronenroulade. Auf der Südflanke sind die ansteigenden Kalkbänke recht intakt und bilden einen scharfen Grat. Als Sedimentschicht des einstigen Jurameers bergen sie Fossilien von Wassertieren: Muscheln, Ammoniten, Spongien und Versteinerungen ganzer Fische. Das Wort Lägern oder Lägeren deutet denn auch auf diese Lagen bzw. Schichten hin.

Rast und Rundsicht

Durch eine Waldschneise erhaschen wir nochmals einen Blick auf das markante Weichbild von Regensberg, dann bringt uns die Ebrechtsstrasse in leichtem Anstieg ins Innere des hochstämmigen Buchenwaldes. Später kommen wir auf die Lägernstrasse, eine ziemlich breite Waldstrasse, die – wir sind jetzt eine knappe Stunde unterwegs – zur Hochwacht führt, einem Posten des weit gespannten Sicherheitsdispositivs des 17. Jahrhunderts (vgl. Seite 89). Triangulationspyramide, Panoramatafel, die vom Vorarlberg bis ins Gantrischgebiet reicht, Schaukeln, Rutschbahn und Kletterturm, ein

Bählamm sowie einladende Tische unter den farbigen Sonnenschirmen auf der Terrasse des Gasthofs – für jedes Bedürfnis, leiblich oder intellektuell, emotional oder motorisch, ist gesorgt. Unweit der Hochwacht schwebt eine eigenartige Glaskugel von 17,5 Meter Durchmesser über den Baumwipfeln. Sie gehört zur Radarstation, die seit 1979/80 das vormalige System der Flugsicherung ersetzt und eine Reichweite bis 380 Kilometer besitzt. Diesen Frühling (2004) soll dieses so genannte Radom wiederum mit einer neuen Generation modernster Technologie bestückt werden, womit die Übertragung von Informationen wie Fluggeschwindigkeit, Richtung, Warnmeldung und vieles mehr in den Control Tower möglich sein wird.

Nach Rast und Rundsicht folgen wir dem Wegweiser Richtung Burghorn, der 50 Minuten Marschzeit angibt. Die Lägern gilt auch als Blumenparadies: Türkenbund und Feuerlilie mit ihren leuchtenden Perigonblättern stellen die wohl attraktivsten botanischen Besonderheiten dar. Unterwegs fallen ein paar Mauern aus Natursteinen auf, die ein Geviert von etwa 60 mal 20 Metern beschreiben: Überbleibsel der einst imposanten Burg Alt Lägern. 1244 wurde sie von den Regensbergern auf dem höchsten Punkt des Bergrückens (866 m ü. M.) errichtet und vermutlich in den bereits erwähnten Streitigkeiten von 1267 geschleift. Unterhalb der Ruine, an der Nordflanke, unterbricht die Lägerenweid den Wald. Das etwa vier Kilometer lange Gebiet wird seit Jahrhunderten für die Sömmerung von Vieh genutzt. Es

Auch auf dem Burghorn: dieses ständige Rätseln, Behaupten und Vermuten beim Fernblick!

liegt zwischen 650 und 750 Meter Höhe und ist somit die am tiefsten gelegene Alp der Schweiz. Gegenwärtig wird sie mit etwa 100 Haupt Vieh aus 24 Betrieben des Zürcher Unterlands und des Rafzerfelds bestossen und von einer Genossenschaft bewirtschaftet.

Nächster markanter Geländepunkt ist das Burghorn, das wie eine Kanzel auf beiden Bergflanken von einem Felsband gestützt wird. Hier stösst die aargauisch-zürcherische Kantonsgrenze, die gleichzeitig die Konfessionsgrenze ist, von Niederweningen aufs Burghorn, folgt ein Stück dem Grat und senkt sich dann wieder hinunter Richtung Otelfingen. Ungeachtet aller politischen und konfessionellen Grenzen verliert sich der Blick im Unendlichen: im Süden die Alpen vom Säntis bis zum Stockhorn, im Norden das Wehntal mit Nieder- und Oberweningen sowie Schöfflisdorf und, dahinter, der Schwarzwald. Über dem friedvollen Land setzt das AKW Leibstadt am Rhein eine weisse Dampfsäule als Ausrufezeichen in den blauen Himmel!

Ein Regenbogen aus Gips
Nach einem kurzen Abstieg stehen wir auf dem Lägernsattel. Ein Abstieg Richtung Norden würde zum «Filetstück» der Lägern führen: zu den ehemaligen Gipsgruben von Oberehrendingen, die bis in die 1960er-Jahre ausgebeutet wurden: Das Sediment eines urzeitlichen Meeres entstand in einer Abfolge von Konzentrations-, Verdunstungs- und Ausfällungsprozessen. Bis zum Aufkommen moderner Düngemittel wurde Gips zur Verbesserung des Bodens auf die Felder ausgebracht, ein Teil fand als Baugips Verwendung, und besonders schöne Stücke wurden kunsthandwerklich verarbeitet. Bei Rütenen wölbt sich ein steinerner Regenbogen aus Keuper, dessen unterschiedliche Schichten – Mergel, Tone, Alabastergips und Fasergips – deutlich zu erkennen sind. Wir bleiben auf dem Grat, der jetzt eindeutig in Rot-Weiss als Bergweg ausgeschildert ist und entsprechende Trittsicherheit und Aufmerksamkeit verlangt. Als etwas weniger exponierte Route böte sich der Waldweg über den Sunnenberg an, der am Nordhang, etwas unterhalb des Grates, entlangführt. Beide Wege führen letztlich zum Schartenfels.

Das historisierende Schloss mit Zinnen und Türmen wurde 1894 von einem Badener Vize-Amtmann erbaut und schon damals als Sommerwirtschaft geführt. Auch heute ist das Restaurant, das seit 1978/79 der Gemeinde Wettingen gehört, zu Recht ein beliebtes Ausflugsziel, geniesst man doch von seiner Terrasse unter dem Blätterdach einen vorzüglichen Blick auf

Sie wird ihrem Ruf als lebenslustige Kulturstadt absolut gerecht: Baden.

Baden: Die eng geschachtelte Dachlandschaft wird vom spitzen Turm der Stadtkirche sowie dem Stadttor mit vier Ecktürmchen und Dachreiter dominiert, beide mit bunt lasierten Ziegeln geschmückt. Im Hintergrund steigt der Burghügel mit der Ruine Stein empor, und beim Näherkommen erkennen wir auch das alte Landvogteischloss, das wie ein Bollwerk den Brückenkopf besetzt und für eine lebenslustige Bäderstadt mit den 16 Quellen eigentlich ziemlich abweisend wirkt. Über die gedeckte Holzbrücke gelangen wir zur Kronengasse und in die malerische Altstadt. Eine steile Treppe bringt uns hinauf zum Bahnhofplatz. Dort erinnert ein Brunnen mit einem Halbrelief an die frühe Verbindung zwischen Zürich und Baden: die legendäre Spanischbrötlibahn, die als erste Bahnlinie der Schweiz ab 1847 zwischen den beiden Limmatstädten verkehrte und dafür exakt 33 Minuten brauchte. Jetzt bringt uns die S-Bahn in einer Viertelstunde von hier nach dort.

13 Nie matt an der Limmat

Von Zürich entlang der Limmat nach Neuenhof oder Wettingen

Route	Zürich-Hard–Werdhölzli–Betschenrohr–Unterengstringen–Kloster Fahr–Glanzenberg–Dietikon–Geroldswil/Oetwil a. d. Limmat–Altwisen–Schliffenen–Neuenhof(–Wettingen)
Anreise	VBZ-Zürilinie 4 bis Bernoulli-Häuser
Rückreise	S 12 (☐ 710) von Neuenhof oder Wettingen nach Zürich
Wanderzeit	3½ Stunden
Karten	Landeskarte 1:25 000, Blätter 1091 «Zürich», 1090 «Wohlen» und 1070 «Baden»
Gaststätten	Fischerhüsli Unterengstringen, Kloster Fahr, Dietikon, Neuenhof (Kloster Wettingen)
Besonderes	Bernoulli-Häuser Werdinsel ARA-Werdhölzli (www.erz.ch, Tel. 01 645 77 77) Kloster Fahr (www.kloster-fahr.ch, Tel. 01 750 07 53) Kloster Wettingen (www.kanti-wettingen.ch, Tel. 056 437 24 10)

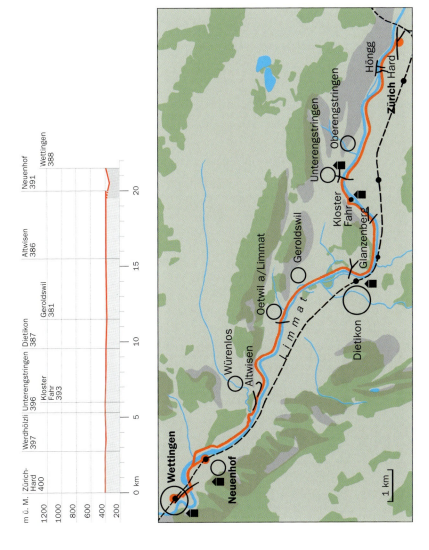

Pantoffelwanderung

Ich sehe schon Nasenrümpfen und skeptische Blicke, wenn ich eine Wanderung im Limmattal vorschlage. Eine Pantoffelwanderung! Nicht ernst zu nehmen! Und nicht einmal mit einer richtigen Zugfahrt beginnend! Und überhaupt Limmattal? Agglo-Alptraum. Total verbaut. Autobahnen und Bahnlinien bis zum Abwinken. Etwas gediegener drückt es ein anderer Wanderführer-Autor aus: «Ein Wanderweg [...], der mitten im verkehrsreichen Zürich beginnt.» Seis drum! Doch jedes Mal, wenn ich mit dem Zug Richtung Baden fahre, blicke ich erstaunt und erfreut auf den naturnahen Schilfgürtel bei Dietikon und die unzähligen Möwen, die dort wie ausgestopft auf den Limmatwellen schaukeln, und nehme mir vor, bei Gelegenheit mal einen Augenschein aus der Nähe zu riskieren. Also!

Wir verlassen den Vierer bei der Station Bernoulli-Häuser. Die fast dörflich anmutende Überbauung – sechsmal zwei niedrige Baukörper, die sich u-förmig um einen rechteckigen Hof legen und dazwischen einen Gartenblätz aussparen – ist ein Werk des Basler Architekten und ETH-Professors Hans Bernoulli (1876–1959), das dieser zwischen 1924 und 1929 baute. Er ging daran fast Bankrott, weil die Stadt das Projekt mit unsinnigen Auflagen unnötig verteuerte. Die dreiseitig geschlossenen Hofareale – sie nehmen die heutigen Wohnstrassen vorweg – passten damals nicht ins Bild von Architektur und Behörden, wohl ebenso wenig wie die Wohnküchen als neues Familienzentrum, was für viele den Untergang der bürgerlichen Ordnung darstellte. Der sozial engagierte Querdenker wurde 1938 auch prompt von seinem Lehramt suspendiert. Dabei ging es ihm, dem Anhänger der Theorie vom zinsfreien Geldumlauf und dadurch vom Ausbleiben der Bodenspekulation, um die Schaffung von günstigem Wohnraum für sozial Benachteiligte; heute ist die einstige Proletensiedlung eine begehrte Wohnadresse. Nicht allen gefällt dagegen das geplante bis 55 Meter hohe, fünfeckige Fussballstadion, das nach einer Volksabstimmung vom Herbst 2003 schräg gegenüber entstehen soll; zu viel Verkehr, zu viel Remmidemmi, zu viel Schatten, zu viele Parkplätze – es hagelt Rekurse noch und noch.

Die Stadt verabschiedet sich

Nach dem letzten Bernoulli-Haus führt eine kurze Verbindung direkt zum Fischerweg, der dicht der Limmat folgt, deren Wellen uns nun praktisch bis Wettingen begleiten werden. Am andern Ufer reckt sich der Turm der Höngger Kirche über dem Weinberg in den seidenblauen Herbsthimmel. Schon

«Haus am Fluss» – der Titel eines Psychothrillers? Oder eines melancholischen Herbstgedichts?

sieht man die Werdinsel, die durch den Bau eines Seitenkanals der Limmat vom Ufer abgetrennt wurde. Schon 1795 soll da eine Mühle geklappert haben. Später wurde die Wasserkraft von einer Spinnerei genutzt sowie, seit 1883, einer Stromfabrik, die heute nature-made-star-zertifizierten Ökostrom produziert. Noch später war das Eiland ein Autofriedhof, und heute ist es eine beliebte Freizeitoase für Spaziergänger, Hündeler, Sportler, FKKler und in heissen Sommernächten auch für weniger mehrheitsfähige Lustbarkeiten.

Nachdem wir zur Linken zuerst das Grundwasserwerk passiert haben, rückt nun die Abwasserreinigungsanlage Werdhölzli ins Blickfeld. 1926 als damals erste städtische Kläranlage in Betrieb genommen und laufend ausgebaut und technisch verbessert, ist sie heute die grösste ARA der Schweiz und eine der modernsten Europas. Die mechanische und damals einzige Klärstufe wurde inzwischen um die biologische und die chemische sowie eine Filtrationsstufe ergänzt, wo auch die feinsten Schwebeteilchen hängen bleiben. 100 Millionen Kubikmeter Abwasser durchfliessen jährlich die ausgeklügelten Filter- und Klärbecken, bis aus der übel riechenden braunen Sauce wieder klares H_2O wird, das getrost zurück der Limmat zugeleitet werden kann. Der Fischer, den ich wenig später am Flussufer entdecke, muss sich also keine Sorgen machen.

Gartenparadieslein
Auf dem ebenen Uferweg kommen wir zügig voran; schon durchbricht das Tosen der A 1 die geruhsame Stimmung. Wir könnten jetzt über einen Steg unter der Autobahn ans andere Ufer wechseln, doch drüben schiebt sich die Strasse unangenehm nahe an den Fluss, sodass wir es vorziehen, auf der linken Seite zu bleiben. Der nächste markante Punkt sind die Gaskessel von Schlieren. Darum herum legen viele Schrebergärten einen bunten Flickenteppich über die Landschaft. Unglaublich die Kreativität der Leute, wenn es darum geht, das eigene Stückchen Land zum unverwechselbaren Paradies zu verwandeln! Gartenzwerge sind da noch das Harmloseste. Kommen hinzu: Waschzuber, Kupferbecken, Windspiele, Wagenräder, Michelangelos David, Zierkürbisse, Mickey-Mäuse, Hollywood-Schaukeln, zu Blumenbehältern umfunktionierte Pneuteile, monströse Gartencheminées, Miniburgen und Modellchalets ...

Dieser ungebremste Drang zur Gestaltung knüpft ungewollt an die Idee des Leipziger Arztes Daniel Gottlob Moritz Schreber (1808–1861) an, wenn auch nicht ganz im originalen Sinne des Erfinders. Der fortschrittliche Mediziner bzw. sein Schwiegersohn legte nämlich 1864 einen ersten Schreberplatz an, eine Art Robinson-Spielplatz, wo Stadtkinder ihren Spieltrieb – und weniger die Lust am Gärtnern! – in natürlicher Umgebung ausleben konnten. Weil schon damals die wenigsten Jugendlichen Jäten und Hacken als cool empfanden, mussten bald deren Eltern zu Schaufel und Spaten greifen, sollte das Areal nicht ganz verkrauten. Die Flächen – brachliegende Äcker am Stadtrand, die der neu gegründete Schreberverein billig erwarb und seinen Mitgliedern in Pacht überliess – wurden parzelliert; 1870 sollen es bereits an die hundert gewesen sein: Refugien für Körper und mehr noch fürs Gemüt.

Gehorsamkeit und Armut
Die aufschlussreiche Garten- und Seelenschau hat uns unversehens durchs Betschenrohr geführt, ein ornithologisches Reservat – die hier nistenden Vögel dürften sich wohl besser ans gleichförmige Rauschen der Autostrasse am Gegenufer gewöhnt haben als wir. Über die Brücke, die nach Unterengstringen führt, müssen wir die Limmat überqueren, sonst sind wir dann beim Kloster auf der falschen Seite. Am rechten Ufer folgen wir nun dem Kloster-Fahr-Weg. Als Entschädigung für den Lärmpegel, der zum Glück allmählich verebbt, erschliesst sich uns hier eine romantische Auenlandschaft

Wandern an der Limmat ... und plötzlich sind Hektik und Betriebsamkeit ausgeschaltet.

mit Tümpeln, Brackwassern, Kiesbänken und mächtigen Weidenbeständen. Über den gepflegten Uferweg erreichen wir nach einer guten Viertelstunde die Klosteranlage, die ihren Namen von der Fähre herleitet, die an schönen Sommersonntagen noch heute in Betrieb ist. Seit seiner Gründung um 1130 durch die Freiherren von Regensberg gehört das Frauenkloster zum Stift Einsiedeln, was im Namen des Wirtshauses «Zu den Zwei Raben» zum Ausdruck kommt (vgl. Seite 143f.).

Dominiert wird Anlage, die seit der Mediation von 1803 eine aargauische Enklave in zürcherischem Gebiet bildet, von der Barockkirche, deren Turm mit der grünspanigen Kupferhaube den Komplex überragt. Man betritt das Gotteshaus über den klösterlichen Friedhof durch das profane Seitenportal im Norden: schmiedeeiserne Grabkreuze und gelbe Rosenstöcke für Sr. Antonia, Sr. Cäcilia, Sr. Waldburga, Sr. Clementina ... Die zurzeit 32 Ordensfrauen und die Priorin dagegen haben Zugang direkt vom Konventgebäude im Süden, das im Geviert einen geschlossenen Innenhof einfasst und ein Werk der Architekten Moosbrugger ist, welche ebenfalls in Einsiedeln gewirkt haben. Schon die Aussenfassade ist als opulente Trompe-l'œil-Malerei gestaltet. Auch das tonnengewölbte Schiff bietet sich dar wie ein sakraler Theaterraum: Zwei Luganeser Maler, die Gebrüder Torricelli, haben

«Huis clos», bevölkert von rund dreissig frommen Frauen.

mit malerischer Eloquenz eine von bewegter Ornamentik durchwucherte Scheinarchitektur aus gemaltem Marmor, Simsen, Balustern und Wolkenbergen inszeniert (1745/46), die von zahlreichen Heiligen bevölkert wird. Aufgefallen sind mir vor allem die Allegorien der Ubidienzia und Paupertas, Gehorsam und Armut, zwei Grundtugenden des Benediktinerordens.

Zum Klosterbetrieb gehören auch eine Töpferei, eine Bäckerei, eine Imkerei, eine Kelterei und ein Garten mit Heilkräutern, deren Produkte im Klosterladen zu kaufen sind. In einer Paramentenwerkstätte werden liturgische Gewänder gewirkt und geschneidert. Und schliesslich ist dem Kloster auch eine Bäuerinnenschule angegliedert, wo unter anderem biologischer Gartenbau und ökologische Haushaltführung unterrichtet werden. Seit 1948 gehört Schwester Hedwig, besser bekannt unter ihrem bürgerlichen Namen Silja Walter (*1919) der Gemeinschaft an: Sie ist die Tochter des Oltener Verlegers und Druckers Otto Walter und Schwester des Schriftstellers Otto F. Walter (1928–1994); Erzählungen, Lyrik, Mysterienspiele, aber auch Texte für den liturgischen Gebrauch aus ihrer Feder bilden mittlerweile ein zehnbändiges Werk, das vielfach mit Literaturpreisen ausgezeichnet worden ist.

Palmen an der Limmat

Nach dem Besuch der St.-Anna-Kapelle sowie des symmetrisch angelegten Klostergartens und einem kühlen Trunk unter dem Blätterdach der Gartenwirtschaft geht es weiter flussabwärts. Von Stadt und Burg Glanzenberg, das wir kurz darauf streifen, ist wenig mehr zu sehen. Sie sollen in der legendären Regensberger Fehde von 1267 (vgl. Seite 112) vom habsburgischen Zürich dem Erdboden gleichgemacht worden sein, da sich das dort ansässige Rittergesindel an den vorüberziehenden Handelsschiffen allzu unverschämt schadlos hielt.

Sakrale Inszenierung in der Klosterkirche Fahr.

Jetzt erreichen wir den besagten Schilfgürtel gegenüber von Dietikon, das gemäss seiner eigenen Ortschronik gleichermassen vom Dorfgeist wie von Stadtluft geprägt ist. Am linken Ufer, kurz nach Dietikon, schiebt die Reppisch ihre gelblichen Fluten ins grüne Wasser der Limmat. Wer wollte, hätte in Dietikon zur Abwechslung wieder einmal die Seite wechseln können; wir dagegen sehen keinen Anlass dazu, zumal das rechte Ufer bis zu den nächsten Gemeinden Geroldswil und Oetwil weniger bebaut ist. Dann aber schieben sich die Wohnhäuser dicht ans Wasser. Palmen in den Gärten scheinen hier der botanische Renner zu sein; der südliche Zauber wird indes sogleich durch gemischten Sommerflor relativiert, der rot, lila und gelb aus Leiterwagen, Schubkarren und ausgedienten Waschkesseln quillt.

Wir gehen jetzt über die Autobahnbrücke Würenlos, die den herbeiströmenden Furtbach überquert, und stei-

Ein Kräutlein für und gegen alles: Klostergarten.

«Blattgold» über dem Kopf und Rascheln unter den Füssen: Es ist Herbst.

gen am andern Ufer sogleich wieder hinunter zur Limmat, der wir nun wiederum und immer noch auf dem rechten Ufer folgen, bis der Fussweg an der A1, kurz vor Wettingen, endet. Man hat auch an Leute ohne vier Räder gedacht und eigens für sie eine Passage neben dem Betonband errichtet, das jetzt die Limmat überspannt. Wieder löst sich die Wanderroute von der Strasse, unterquert die Bahnlinie, beschreibt einen spitzen Winkel und steigt dann, parallel zum Gleis, wieder an, um – erst durch eine Gewerbezone, anschliessend durch Wohnquartiere – zum Bahnhof Neuenhof zurückzuführen.

Natürlich könnte man, Bahn und Beton ignorierend, unverdrossen dem Fluss folgen und später im Kreuzpunkt von Strasse und Schiene über eine Holzbrücke abermals aufs rechte Ufer wechseln: Dort steht in einer Flussschlaufe das Wettinger Zisterzienserkloster Maris Stella, eine Rapperswiler Gründung von 1227. Nach der aargauischen Klosteraufhebung (1841) wurde es in ein Lehrerseminar und später in eine Kantonsschule umgewandelt. Die gotische Anlage gilt nicht nur als eine der besterhaltenen des Landes, sie dürfte wohl auch die einzige sein, die sozusagen über einen Autobahnzubringer sowie einen Bahnanschluss verfügt.

14 Brugg, Horn, Pass und Kulm

Von Sihlbrugg über den Albisgrat und den Üetliberg nach Zürich

Route	Sihlbrugg–Eschentobel–Schweikhof–Ebertswilerholz–Mattli–Ober Albis–Albishorn–Bürglen–Schnabellücke–Schnabelburg–Hochwacht–Albisboden–Ober Albis–Langnauer Berg–Müsli–Buechenegg (Näfenhüser)–Felsenegg–Baldern–Falätschen–Annaburg–Stafel–Kulm–Station Üetliberg(–Albisgüetli oder Triemli)
Anreise	S 4 (SZU, ☐ 712) von Zürich nach Sihlbrugg
Rückreise	S 10 (SZU, ☐ 713) vom Üetliberg nach Zürich oder Abstieg nach Zürich zu Fuss
Wanderzeit	6 Stunden
Karten	Landeskarte 1:25 000, Blätter 1111 «Albis» und 1091 «Zürich»
Gaststätten	Schweikhof, Albishorn, Albispass, Näfenhüser (Buechenegg), Felsenegg, Uto-Stafel, Uto-Kulm, Gmüetliberg
Besonderes	Lange, aber sehr bequeme Höhenwanderung mit Sicht auf Zürichsee, Amt und Zugerland Ruine Schnabelburg Planetenweg Einzige Luftseilbahn des Kantons, Adliswil–Felsenegg (www.laf.ch, Tel. 01 710 73 30) Aussichtstürme Hochwacht und Üetliberg

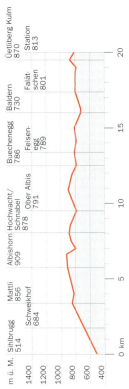

Ohne Albis auf den Albis

Velofahren habe ich auf einem Albis gelernt. Nicht auf dem Albis, auf einem Albis. Mein erstes Velo war ein Albis-Rad. Dennoch wars kein Mountainbike, wie der Name vermuten lässt: Das Wort Albis leitet sich nämlich aus dem uralten Stammwort «alb» her, das Geländebuckel und Höhenzüge benennt und sogar im Wort Alpen auftaucht. Die Bezeichnung ist insofern bedeutungsvoll, als sie die geologische Beziehung des Höhenzugs zu den Alpen auch etymologisch unterstreicht. Der Albis ist nämlich keine Seitenmoräne des Linthgletschers, wie man annehmen könnte, sondern eine ältere fluviatile Aufschüttung im Miozän, also vor 14 Millionen Jahren. Damals haben die Flüsse Material – Nagefluh, Sandstein und Mergel – aus dem Alpenwall ins Alpenvorland transportiert; die Albiskette ist der südwestlichste Ausläufer des so genannten Hörnli-Schwemmfächers.

Der Einstieg am Osthang des Albis erfolgt über die Fussgänger-Passerelle, die uns von der SZU-Station Sihlbrugg über die Sihltalstrasse führt. Längs zum Hang verlaufend, gewinnt der Wanderweg – fürs Erste in südlicher Richtung – gemächlich an Höhe, folgt dann ein Stück weit der Foststrasse und verlässt diese wieder, als sie sich zu senken beginnt. Wir durchqueren jetzt das Eschentobel und erreichen über Tannbüel den Schweikhof, wo der Wald zurückweicht und über einem Kornfeld den Blick auf das Zugerland und die Rigi freigibt. Zwischen den Häusern des Weilers wendet sich der Weg nun entschieden gegen Norden und folgt dem Wegweiser Mattli. Fehlgehen kann man kaum, aber wählen zwischen dem Aussichtsweg mit Blick ins Knonauer Amt und dem Waldpfad, die sich beide nach dem Weiler Ober Albis wieder vereinen.

Einst Kanzel, jetzt Horn

In leichtem Aufstieg immer der Krete folgend, erreicht der Weg das Bergrestaurant Albishorn. Mit seinen 909 Höhenmetern ist es zwar fast der höchste Punkt der gut 20 Kilometer langen Albiskette; der Begriff Horn scheint mir zwar etwas überrissen, ist aber dennoch einen «Gipfeltrunk» wert. Tatsächlich soll der Ort ursprünglich Teufelskanzel geheissen haben, als aber 1883 eine «Gaschtig» hier eingerichtet wurde, fand man den Namen wohl unpassend. Wie immer der Ort heisst, die Aussicht ist grandios: Im Vordergrund schweift der Blick von der Lägern über die Rigi bis zum Bachtel und zum Schnebelhorn, am Horizont vom Berner Oberland über die Glarner Gipfel bis hin zum Säntis.

Der Türlersee – ein Eldorado für Badefreunde und Camper.

Von hier könnte man in einer guten halben Stunde gegen Westen nach Hausen am Albis absteigen oder in drei Viertelstunden gegen Osten nach Sihlwald, wo «Grün Stadt Zürich» (GSZ) ein Naturzentrum und einen ausgeschilderten Waldlehrpfad unterhält. Da gibts einiges zu erkunden, ist doch der Sihlwald der grösste zusammenhängende Laubmischwald des schweizerischen Mittellandes. Als charakteristischer Baum dominiert, neben Esche, Ahorn und Nadelbäumen, die Rotbuche, die hier schon vor 5000 Jahren heimisch war. Wir folgen der Markierung an einem Buchenstamm, die für den Albispass fünf Viertelstunden angibt und weiter auf dem Grat verläuft. Zwischen Stämmen und Gezweig erhaschen wir immer wieder einen Blick auf den Türlersee und den dahinter liegenden Buckel des Aeugsterbergs. Entstanden ist der Tümpel, weil der Hang, durch das Zurückweichen des Linthgletschers haltlos geworden und zusätzlich durch das Schmelzwasser unterhöhlt, abrutschte, der Ur-Reppisch den Weg versperrte und sie zu einem See aufstaute.

Eine Mord(s)geschichte

Auf dem Bürglenstutz ist die höchste Erhebung des Albis (915 m ü. M.) erreicht; allerdings verhindern hohe Buchen und Tannen die Weitsicht. Danach erfolgt ein kurzer, aber steiler Abstieg zur Schnabellücke, die von der etwas höher liegenden Schnabelburg beherrscht wird. Über einen Trampelpfad steigen wir zur Ruine der Burg hinauf, die zwischen 1173 und 1180 zur Sicherung des Saumwegs zwischen Zürich und der Innerschweiz auf dieser markanten Kuppe errichtet wurde. Eine Tafel erklärt die eher bescheidene Anlage (35 x 20 Meter), deren Erbauer Walter I. war, Freiherr von Eschenbach und Gefolgsmann der Herzöge von Zähringen. Er war es auch, der 1185 das Kloster Kappel stiftete (vgl. Seite 151), zusammen mit seinen zwei Brüdern im geistlichen Stand: mit Konrad, Abt des elsässischen Klosters Murbach, und Ulrich, Probst zu Luzern. Diesen beiden verdankt auch Luzern seine Entwicklung vom Fischerdorf zum Marktflecken (1178).

Mit einer blutigen Tat schrieb sich fünf Generationen später Walter IV. von Eschenbach in die Geschichte ein: König Albrecht I., Nachfolger und zweitgeborener Sohn Rudolfs I., hatte die habsburgische Hausmacht zielstrebig und rücksichtslos ausgebaut. Hatte seinem Neffen Johann von Schwaben, Sohn seines früh verstorbenen Bruders Rudolf II., das Erbe verweigert. Hatte auch die Besitzungen der verschuldeten Eschenbacher im Berner Oberland in einem – wie man heute sagen würde – «unfriendly take-over» – an sich genommen. Am 1. Mai 1308 beschlossen Johann und Walter, «sich Rach' zu holen mit der eignen Hand», wie es Werner Stauffacher in Schillers «Wilhelm Tell» formuliert. Zusammen mit weiteren Junkern der damaligen Jeunesse dorée, den Rittern Rudolf von Balm, Rudolf von Wart und Konrad von Tegerfelden, drängten sie zu fünft König Albrecht auf seinem Ritt von Baden nach Brugg beim Fährenübergang an der Reuss, unweit der Stammfeste Habsburg, von seinem Gefolge ab und schlachteten ihn am andern Ufer brutal nieder, auf einem Feld, wo «eine alte grosse Stadt soll drunter liegen aus der Heiden Zeit» – womit der gut informierte Schiller natürlich Vindonissa/Windisch meint.

Der Mord an König und Oheim muss europaweit Entsetzen ausgelöst haben, auch wenn Albrecht eher gefürchtet als beliebt war. Für das Seelenheil des Ermordeten gründeten Königinwitwe Elisabeth und Tochter Agnes

Wenn der Topos vom blauen Berg jemals zutraf: voilà, die Rigi.

inmitten der römischen Ruinen von Vindonissa das Kloster Königsfelden als habsburgisches Memorial. Albrechts Söhne aber schworen, den Frevel zu rächen «an der Mörder ganzem Stamm / an ihren Knechten, Kindern, Kindeskindern / ja an den Steinen ihrer Schlösser selbst». So wurde denn die Schnabelburg 1309 geschleift, Walter von Eschenbach soll im Schwarzwald als Schäfer untergetaucht und da als Letzter seines Geschlechts gestorben sein. Die übrigen Mörder, mit Reichsacht belegt, zerstreuten sich in alle Winde, wurden gerichtet oder kamen sonstwie ums Leben. Den Anführer Johann, genannt Parricida (= Verwandtenmörder), lässt Schiller sogar in der zweitletzten Szene seines Freiheitsdramas dem Tell begegnen, der ihm den Weg über den Gotthard nach Italien weist, wo er – und dies entspricht den Fakten – 1313 bei Pisa stirbt.

Sonne, Monde und Sterne
Nach so viel blutgetränkter Historie tuts gut, den Kopf auf dem Turm der Hochwacht auszulüften und über das befriedete Land zu blicken. Die schöne, dreieckige Holzkonstruktion mit der auskragenden Aussichtskanzel wurde 1978 vom Rotary-Club gestiftet. Nach einer weiteren halben Stunde erreichen wir, jetzt mehrheitlich über offenes Gelände, den Einschnitt des Passes mit dem Weiler Ober Albis, der politisch zu Langnau im Sihltal gehört. In grossen Schlaufen legt sich die Albisstrasse über den Bergrücken, was die Motorradfahrer animiert, die PS ihrer Feuerstühle aufjaulen zu lassen. «Die Stras, so von Zürich gen Luzern gat», war im 15. Jahrhundert ein wichtiger Verkehrsweg, im 18. und 19. Jahrhundert wurde sie dann mit Kutschen befahren, heute wird die Verbindung mit einer Buslinie von Thalwil über Langnau nach Hausen sichergestellt. Und wie immer an Passübergängen stehen hier auch Gast- und Raststätten, gleich drei an der Zahl, zwei mit Blick ins Zugerland, eine mit Sicht auf den Zürichsee.

Zimmermännisches Meisterstück: Turm auf der Albis-Hochwacht.

Willkommen im Bergrestaurant Näfenhüser: Die Dekoration ist Geschmackssache.

Für längere Zeit folgen wir nun der Birrwaldstrasse, die in gemächlichem Auf und Ab die rund 100 Höhenmeter des Langnauer Bergs überwindet und dann über die offene Müsli-Wiese zum Weiler Buechenegg hinabführt, der zu Stallikon gehört. Auch hier laden wiederum zwei Beizen zu Einkehr. Im früheren Näfenhus, heute Chnusperhüsli, treiben Hexen, Besen und ausgestopfte Hühner ihr dekoratives Unwesen; das zweite Restaurant entführt mit künstlerisch verwegenen Wandmalereien, goldenem Tor, Ziehbrunnen und Thronsesseln ins Reich der Märchen – dabei ist die Aussicht auf den Zürichsee allein schon zauberhaft genug. Der «Dekomanie» entronnen, gelangen wir alsbald auf den Planetenweg, der den Waldrand entlangführt. Im Massstab von 1:1000 Millionen ist hier unser Sonnensystem dargestellt, beginnend mit Pluto in Sonnenferne und endend mit der Sonne, die als grosse, gelbe Kugel etwas oberhalb der Bahnstation der Üetlibergbahn auf einem Ständer steckt. Wie sehr diese Kugeln und Kügelchen, in relativer Distanz voneinander platziert, die Idee des Sonnensystems wiederzugeben vermögen, bleibe dahingestellt. Immerhin erlauben die einzelnen Planetenstationen den Vätern, kluge Sprüche von sich zu geben. Zum Beispiel: «Wenn wir einen Meter zurückgelegt haben, so entspricht dies im All einer

Distanz von einer Million Kilometern, kannst du dir das vorstellen, Jonas?»
Und Jonas nickt und denkt an das Coca-Cola auf dem Kulm.

Immer mehr oder weniger dem Grat folgend, kommen wir zum Bergrestaurant Felsenegg und gleich darauf zur Bergstation der einzigen Luftseilbahn im Kanton Zürich, deren zwei rote Kabinen die 307 Meter Höhendifferenz zwischen der Talstation Adliswil und dem Albisgrat über ein Seil von 1048 Meter Länge überwinden. Sie wurde bereits 1934 geplant, konnte aber erst 1954 eröffnet werden und wurde als leuchtendes Beispiel schweizerischen Sparsinns mit den ausrangierten Gondeln der Landi-Schwebebahn betrieben. Inzwischen wurde die LAF, wie sie heute heisst, zweimal revidiert, mit zwei 30-Personen-Kabinen bestückt und voll automatisiert. Doch scheint sie, trotz unbestreitbarer Attraktion, immer nahe am Absturz zu schweben – finanziell gesprochen. Ich unterstütze sie sonst fleissig, heute allerdings nicht, da unser Ziel der Üetli-Kulm ist.

Zünftige Frauen
Also gehen wir weiter, vorbei an der monumentalen Sendeanlage, und kommen zur Burgruine Baldern, einer der sechs Festen auf dem Albiskamm. Eine Gründung der Grafen von Lenzburg und Regensberg aus dem 11. Jahrhundert, wurde sie bereits 1268 unter Rudolf von Habsburg zerstört. Die Legende datiert die Burg weiter zurück: Über den bescheidenen Mauerresten sollen einst Hildegard und Berta, die Töchter Ludwigs des Deutschen, seinerseits Enkel Karls des Grossen, in gottgefälliger Zurückgezogenheit gehaust haben. Regelmässig wanderten die frommen Damen hinunter nach Zürich zur Andacht in der Felix-und-Regula-Kapelle jenseits der Limmat. Ein Hirsch mit Kerzen auf dem Geweih erhellte ihnen jeweils den Weg durch den dunklen Tann. Diesseits des Stegs, der über den Fluss führte, habe das wundersame Tier die Prinzessinnen jeweils erwartet, um sie wieder heimzuführen. Wahrscheinlich traute es sich nicht übers Wasser – jedenfalls liess Papa Ludwig an dieser Stelle ein Stift für hochgeborene Fräuleins errichten: das Fraumünster. Erste Äbtissinnen waren Hildegard und, nach deren frühem Tod 856, die jüngere Schwester Berta. Dass es so gewesen sein muss, bestätigt erstens das historisierende Fresko aus den 1930er-Jahren von Paul Bodmer (1886–1983) im Kreuzgang des Fraumünsters. Zweitens die Gesellschaft zu Fraumünster, die einzige weibliche Zunft, die seit 1988 darum kämpft, am Sechseläuten mitmarschieren zu dürfen. Und drittens und über jegliche Zweifel erhaben: die Gründungsurkunde

Trotz neudeutscher Bezeichnung «Top of Zurich» bleibt er unser Üetli.

von 853, ein Pergamentblatt von 42 mal 72 Zentimeter mit Siegel, das als älteste Urkunde Zürichs im Staatsarchiv aufbewahrt wird. Das Gasthaus im Bergsattel von Baldern ist leider seit längerer Zeit geschlossen, die Kiesterrasse mit der schönen Aussicht ins Knonauer Amt verwaist, und von den Bänken und Tischen hinter dem Haus stehen nur die steinernen Stützen, die Holzbohlen hat man weggeräumt – ein trostloser Anblick, fast wie ein Grabfeld. Also marschieren wir weiter, in leichtem Anstieg über die Felder des Landwirtschaftsbetriebs Mädikon, um dann, vorbei an einer weiteren Sendeanlage, zur Falätschen zu gelangen. Diese Falaise – der Wortstamm ist derselbe – ist ein tiefer Erosionstrichter, der einen Einblick in die 300 Meter mächtige Sedimentabfolge der Zürcher Molasse gewährt: weicher, gelblicher Mergel und härterer, gräulicher Sandstein, zuoberst die Nagelfluhbänke. Die Absturzschneise erlaubt auch einen Tiefblick auf das Seebecken.

Wachtposten und Touristenziel
Jetzt sinds nur noch etwa zwei Kilometer bis zum Uto-Kulm. Immer dem Grat folgend, passieren wir erst Saturn, Jupiter, Merkur sowie die ehemalige Annaburg und gelangen via Uto-Stafel zum Leiterliweg, der auf vielen Stufen durch die bizarr geformten Felsen und Höhlen des Deckenschotters auf den Kulm führt. Auch auf dem Üetli gab es eine Festung, die Uotelenburch, 1218 erstmals erwähnt. Archäologische Funde belegen indes, dass die Kuppe bereits in der Jungsteinzeit besiedelt war. Die Römer nutzten den Ort als strategischen Stützpunkt. Im Wachtdispositiv des 17. und 18. Jahrhunderts war der Üetli «der Statt Zürich fürnemste Hochwacht», weil man von hier Sichtverbindung zu 15 der 21 Hochwachten hatte (vgl. Seite 89). Im Zeichen des aufkommenden Tourismus stilisierte das 19. Jahrhundert den Zürcher Hausberg zur touristischen Attraktion mit arrangierter Natur, Gasthäusern, Felsrevieren, Bosketten, Aussichtspavillons, Chalets und, 1875, einem Hotel. In diese Zeit fällt auch der Bau der Bahn sowie des ersten Turms, 1894 als eine Art Minikopie des fünf Jahre zuvor entstandenen Eiffelturms errichtet. Das moderne Zeitalter manifestiert sich im 186 Meter hohen Fernsehturm auf der Nordflanke. Der jetzige Aussichtsturm mit dem dreieckigen Grundriss sei der hässlichste Europas, urteilte eine Zeitung anlässlich der Eröffnung im November 1990. Finde ich gar nicht. Dagegen hat für mich das Viersterne-Etablissement Kulm-Hotel und vor allem der neu gestaltete Vorplatz einen allzu neustädtischen Schick.

15 Schon fast eine Wallfahrt

Von Schindellegi über den Etzel und den Seedamm nach Rapperswil

Route	Schindellegi–Geissboden–Wäni–Büel–Anzenau–Ragenau–Etzel Kulm–St. Meinrad–Oberschwändi–Unterschwändi–Stollen–Buechberg–Pfäffikon SZ–Hurden–Rapperswil
Anreise	SBB, S 2 oder S 8 (☐ 720) von Zürich nach Wädenswil und S 13 (☐ 672) von Wädenswil nach Schindellegi-Feusisberg
Rückreise	S 5 (☐ 740) oder S 7 (☐ 730) von Rapperswil nach Zürich oder mit dem Schiff (☐ 3730)
Wanderzeit	4¾ Stunden
Karten	Landeskarte 1:25 000, Blätter 1132 «Einsiedeln» und 1112 «Stäfa»
Gaststätten	Schindellegi, Büel, Etzel, Kulm, St. Meinrad (Etzelpasshöhe), Pfäffikon, Rapperswil
Besonderes	Aussicht auf dem Etzel, Kinderspielplatz St.-Meinrad-Kapelle auf der Etzelpasshöhe Pfäffikon SZ: Kunstausstellungen im Seedamm Center (www.seedamm-kultur.ch, Tel. 055 416 11 11) und Alpamare (www.alpamare.ch, Tel. 055 415 15 15) Holzsteg Hurden–Rapperswil Rapperswil: Stadt und Schloss

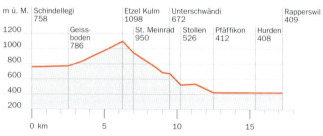

Zwei Dörfer – eine Gemeinde

Wie wir den Bahnhof Schindellegi-Feusisberg verlassen, fällt mir als Erstes die dominierende St.-Anna-Kirche auf: Zwar im ersten Jahrzehnt des 20. Jahrhunderts erbaut, aber ganz dem (neo)barocken Architekturgestus verpflichtet, blickt sie am östlichen Dorfrand über eine pompöse Freitreppe auf die stark befahrene Verkehrsachse herab. Hier ist man katholisch. Hier schätzt man Tradition. Und hier wird noch Fasnacht gefeiert, dass die Schwarte kracht. Es scheint, dass in der Beiz, in der wir uns eine Ovo mit Nussgipfel genehmigen, die Fasnachtsgirlanden gar nie weggeräumt werden. Karnevaleske Trophäen und Fotos an den Wänden zeigen ebenfalls, wie man hier zur Narrenzeit auf den Putz haut.

Schindellegi, das zusammen mit Feusisberg eine Gemeinde bildet, nennt sich «Tor zur Innerschweiz». Rühmt sich zu Recht seiner prachtvollen Panoramalage auf dem Dach des Bezirks Höfe mit Blick auf den Zürichsee und die Alpen. Kein Wunder also, dass die Einwohnerzahl seit 1880 praktisch stetig gestiegen ist, sich seit 1960 sogar auf fast 3900 verdoppelt hat. Zu vermuten ist allerdings, dass nicht nur die schöne Aussicht, sondern auch die steuerlichen Bedingungen das rasante Wachstum der letzten Jahrzehnte bewirkt haben. Während sich Feusisberg als Bauerndorf stark dem Fremdenverkehr verpflichtet fühlt, hat sich Schindellegi als wichtiger Verkehrsknotenpunkt eher dem Gewerbe und der Industrie zugewandt, nicht zuletzt, weil es schon 1877 ans Eisenbahnnetz angeschlossen wurde. Das scheint sich auch in den beiden Dorfwappen widerzuspiegeln: Dasjenige von Feusisberg zeigt zwei Raben – wir werden ihnen im Zusammenhang mit Meinrad wieder begegnen – und zwei Jakobsmuscheln, die an den alten Pilgerweg von Rapperswil nach Einsiedeln erinnern. Dasjenige von Schindellegi zeigt drei Holzbalken auf einem blauen Spickel vor gelbem Hintergrund. Der Name Schindellegi soll mit der Herstellung und Lagerung von Schindeln zu tun haben.

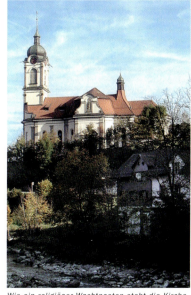
Wie ein religiöser Wachtposten steht die Kirche am Dorfrand von Schindellegi.

Biker und Urrinder

Dermassen aufdatiert und gedopt, gehen wir jetzt die Hauptstrasse entlang zum Fuss des Kirchhügels. Dort wenden wir uns, die Wanderwegtafel «Etzel» beachtend, nach rechts über die Brücke, unterqueren die Autobahn und folgen dann der Sihl flussaufwärts Richtung Geissboden. Auf der andern Flussseite zeigt sich das Gotteshaus mit seiner Längsfront; wie ein Schiff ankert es auf dem Sporn einer Seitenmoräne des Linthgletschers, die sich hier der Sihl in den Weg schiebt, sodass diese nicht über Wollerau zum Zürichsee hinunterfliessen kann, sondern ihr Bett zwischen Zimmerberg und Albis suchen muss. Fürs Erste dominiert Beton, dann folgt eine Gewerbezone. Aber schon nach etwa zehn Minuten können wir die Strasse verlassen und folgen nun auf einem Schotterweg dem Flussbett. Durch den lockeren Laubwald von Erlen, Ahorn, Vogelbeerbäumen gelangen wir so nach rund drei viertel Stunden zum Geissboden, einer baumfreien Feuchtwiese, die sich in einer Flussschlaufe ausbreitet. Eine Brücke führt über die Sihl, anschliessend beginnt der Weg leicht zu steigen. Über offenes Gelände gehen wir weiter und gelangen bald auf ein Fahrsträsschen zum Hof Wäni. Einträchtig grasen da Kühe neben einem Fussballfeld. Unsere Route ist als Bauernlehrpfad der Integrierten Produktion (ip-suisse) beschildert, was offenbar nicht ausschliesst, dass es sich gleichzeitig um einen Bikerweg – die Seenroute 9 – handelt. Kurz nach dem Restaurant Büel fällt rechter Hand ein eigenartiges rundes Gebäude auf; der Geruch verrät's: ein Schweinestall! Ein paar Schritte weiter verlassen wir die Etzelstrasse nach links und wandern auf einem Kiesweg bergan. Gegen Süden weitet sich der Horizont, und über dem bewaldeten Rücken des Höhronen schieben sich die Mythen ins Blickfeld. Gegen Norden erschliesst sich eine prächtige Rundsicht über das Hügelland des Hirzels und, ein wenig später, auf den Zürichsee und den dahinter liegenden Pfannenstiel.

Kurz bevor wir wieder in den Wald hineingeraten, informiert eine Tafel über die Haltung von Highland Cattle, zottigen Urrindern, deren Fleisch durch natürliche Weidehaltung besonders schmackhaft sein soll. Das, wie man da liest, «liebenswerte und wirtschaftliche» Hornvieh stammt aus den westlichen Hochländern Schottlands. Dank seiner Genügsamkeit und dem geringen Gewicht sei es optimal für die Beweidung von Moorgebieten und so genannten Grenzertragsflächen; Gebieten also wie hier am Nordhang des Etzels, wo die Grasnarbe nicht allzu dicht ist. Die Rindviecher haben auch in der Schweiz ihre Liebhaber gefunden, sodass sich 1995 eine schweizerische Sektion der Highland Cattle Society konstituiert hat. Was allerdings ihre Liebenswürdigkeit betrifft, so möchte ich es nicht darauf ankommen lassen, weil mir die zwei wuchtigen Hörner, die wie ein Velolenker aus den netten Stirnfransen ragen, nicht allzu vertrauenswürdig erscheinen.

Der Weg der Mitte

Kurz nach diesem bovinischen Exkurs verzweigt sich der Weg erneut. Während die Enzenaustrasse entlang der Nordflanke und dann in relativ steilem Aufstieg den Kulm anpeilt, zieht sich der nach rechts führende Weg die Südflanke entlang, um dann an zwei Stellen steil zum Etzel-Gipfel aufzusteigen. Wir ziehen den Gratweg in der Mitte vor, der uns in kürzester Frist zum Berggasthaus Etzel auf 1098 m ü. M. bringt. Der Name Etzel hat nichts zu tun mit dem berühmten Hunnenkönig Attila, der ebenfalls Etzel genannt wird. Vielmehr sollen sich die alten Formen Eczelin oder Ezlin von Atzel (= Elster) herleiten. Einmal mehr schmälert der sommerliche Dunst die Rundsicht, die man von diesem exponierten Voralpengipfel über den Zürichsee im Norden und den Sihlsee im Süden, übrigens flächenmässig der grösste Stausee der Schweiz, laut den beiden Alpenzeigern geniesst. Ideal dazu sind Föhntage oder Tage im Spätherbst und Winter, wo vielleicht auch ein eindrückliches Nebelmeer wogt.

Der Zürichsee, ein blauer Nussgipfel zwischen zwei dicht besiedelten Ufern.

Für Leib und Seele

Der Abstieg nach St. Meinrad erfolgt über die Südrippe des Etzels und dauert nur gut 20 Minuten. Die Etzelpasshöhe auf 950 m ü. M. war schon im Mittelalter ein viel benützter Übergang der Pilger. Auf diesem so genannten Oberen Jakobsweg zogen sie von Süddeutschland über St. Gallen nach Einsiedeln, einer der berühmtesten Pilgerstätten im damaligen Europa. Weiter gings von da über Flüeli-Ranft, den Brünig und das Berner Oberland nach Freiburg, Lausanne und Genf. Dann durchs Rhonetal und südwestwärts nach Le Puy, über die Pyrenäen und schliesslich ins spanische Santiago de Compostela. Der Hurdener Steg, den wir uns für den Schluss der Wanderung aufgespart haben, war ein wichtiges Wegstück zur Überwindung des Zürichsees. Auf der Passhöhe sorgten eine Meinrads-Kapelle aus dem 13. Jahrhundert sowie ein erstmals im 14. Jahrhundert erwähntes Gasthaus für das leibliche und seelische Wohl der Heil Suchenden. 1697/98 liess ein gewisser Abt Raphael die alte Kapelle durch die jetzige ersetzen, und zwar nach Plänen von Caspar Mo(o)sbrugger (1656–1723) aus dem Bregenzer Wald, der Laienbruder in Einsiedeln war und auch die Pläne für den Klosterbau selbst entworfen hatte.

Durch eine Pforte an der Nordfront betreten wir die ganz aus Steinquadern gefügte Kapelle mit dem Dachreiter und der Zwiebelhaube. Ein klassizistischer Altar hinter einem geschmiedeten Gitter setzt einen für das

Dem Meinrad zum Gedenken, den Pilgern zur Stärkung: Kapelle und Gasthof auf der Passhöhe.

kleine Gotteshaus erstaunlich prunkvollen Akzent ins Sahneweiss des rechteckigen Innenraums. Wie das Altarbild sind auch die von beschwingten Stuckaturen eingefassten Kartuschengemälde dem Leben und Sterben des heiligen Meinrad gewidmet; geschaffen hat sie 1696 ein Störmaler aus dem Luganese, Antonio Giorgiolio, dessen Unterschrift man sogar noch entziffern kann.

Meginhard – sein Name bedeutet tauglicher, tüchtiger Rat – stammte aus dem Geschlecht der Hohen-

Grosses kirchliches Gepränge im Taschenformat.

zollern-Sigmaringen und wurde um 800 bei Rottenburg geboren. Wie viele adlige Söhne steckte man den Jüngling zur Erziehung ins Kloster: Meinrad ward also Scholar in Reichenau, trat als Mönch in den Benediktinerorden und erlangte mit fünfundzwanzig die Priesterweihe. In dieser Funktion schickte ihn das Mutterhaus 828 als Lehrer und Vorsteher in die Diaspora nach Benken am Obersee. Doch den Gottessucher hält es nicht lange bei den Menschen. Es zieht in die Einsamkeit, genauer, in den «Finstern Wald» des unbewohnten Alptals. Zuerst lässt er sich direkt am Fuss des Etzels nieder, später zieht er weiter an den Abhang des Friherrenbergs, wo er ab 835 das Leben eines Eremiten führt, lediglich in Gesellschaft von zwei Raben, die er als Jungtiere aufgezogen hat. Spätestens ab jetzt gewinnt sein Schicksal die tragische Grösse einer griechischen Tragödie – oder eines Hitchcock-Films: Am 21. Januar 861 wird der arglose Gottesmann von zwei Räubern, denen er gastfreundlich Obdach und Kost gewährt hatte, brutal erschlagen, wohl um der paar Batzen im Almosenstock willen. Doch die beiden Raben verfolgen die fliehenden Mordgesellen bis nach Zürich. Ihr wildes Geflatter und Gekrächz macht das Volk auf die beiden aufmerksam, sodass sie schliesslich die Nerven verlieren, die Tat gestehen und ihrer gerechten Strafe zugeführt werden.

Der Fluch der bösen Tat: Zwei Raben überführten Meinrads Mörder.

Das Gasthaus nahe der Limmat, wo die Mörder unterzutauchen suchten, hiess fortan «Raben», und es existiert noch heute. Meinrads Leiche wurde nach Reichenau überführt, aber 1093 an den Ort seines gewaltsamen Tods zurückgebracht, wo sich inzwischen weitere Einsiedler niedergelassen hatten. 947 wurde die Klostergründung von Rom formell anerkannt und die Abtei in verschiedenen Etappen aus- und umgebaut. Die Grundsteinlegung zum Neubau der heutigen grandiosen Klosteranlage erfolgte 1704, eingeweiht wurde die Kirche 1735. Die zwei Raben, die auch das Feusisberger Wappen zieren, flattern auch über den roten Grund des Gemeindewappens von Einsiedeln und den goldenen seines berühmten Klosters. Klar, dass auch das Schild des Gasthauses von 1759 auf der Etzelpasshöhe, einst Pilgerhospiz, heute Ausflugsbeiz für Sonntagsfahrer, den Ortspatron mit seinen zwei Vögeln, mit Brot und Wasserkrug zeigt.

Fun-Bad, Museum oder Rosenstadt?

Für den Abstieg nach Pfäffikon wählen wir wiederum den markierten Jakobsweg, der die beiden Schlaufen der Autostrasse erst links, dann rechts abkürzt und dann im spitzen Winkel nach rechts den Waldrand entlang führt. Später zieht er sich durch abfallende Matten Richtung Schwändi. Besonders schön muss es da im Frühling sein, wenn die Kirschbäume um den Hof Oberschwändi in Blüte stehen. Nach einem Stück Landstrasse parallel zum Hang folgen wir wiederum dem abschüssigen Weg durch die Wiesen und überschreiten zweimal das Rinnsal des Tobelbachs. Bei einem winzigen Weinberg (Punkt 541) stossen wir auf die Autostrasse von Feusisberg–Etzel nach Pfäffikon. Sie bringt uns in einer Haarnadelkurve über die Autobahn und dann zu den ersten Häusern.

Alpamare oder Seedamm-Kulturzentrum wären zwei taugliche Alternativen als Abschluss eines Wandertags. Wir aber entscheiden uns für eine dritte: den Holzsteg über den See. Im Dorfzentrum unterqueren wir die Gleise beim Bahnhof und wenden uns, zuerst der Bahnlinie seeaufwärts folgend, in einem weiten Bogen dem Wasser zu. Zu Beginn haben wir die Bahnlinie zu unserer Rechten, was einen Blick auf die beiden Inseln Ufenau und Lützelau erlaubt. Ein neu angepflanzter Schilfgürtel soll hier die Ufererosion durch den Wellenschlag stoppen. Bei Hurden wechseln wir unter der Bahn hindurch auf die dem Obersee zugewandte Seite des Damms, wo nach der Landzunge der neu-alte Pilgersteg beginnt, der uns direkt nach Rapperswil leitet. 233 Eichenpfähle unterschiedlicher Länge und Dicke waren für das

Bauwerk erforderlich. Für die 130 Joche wurden Eisenträger verwendet. Das eingesetzte Eichenholz im Umfang von 750 Kubikmetern stammt zu zwei Dritteln aus Schweizer Wäldern, der Rest aus Deutschland. Im Zickzackkurs Inseln und Untiefen folgend, hatte an dieser Stelle bereits ab 1360 ein Holzsteg die beiden Ufer verbunden. Die für die damalige Zeit bemerkenswerte Konstruktion war 1425 Meter lang und ruhte auf 188 Jochen. Die Brückenbohlen waren unbefestigt, um Wind und Wellen keine Angriffsflächen zu bieten. Losgerissene Bretter, die sich in den Schwirren verfangen hatten, mussten nach jedem Unwetter eingesammelt und neu aufgelegt werden. Bei Sturm war das Überschreiten der Brücke lebensgefährlich, umso mehr, als es kein Geländer gab. Dennoch war der Gang über den Steg wohl noch eines der geringeren Fährnisse, die einem auf der langen, beschwerlichen Pilgerfahrt nach Santiago zustossen konnten. Jedenfalls tat man gut daran, vorbeugend oder im Nachhinein zum Dank stille Einkehr im Bethaus, dem Heilighüsli, nahe dem Rapperswiler Ufer zu halten. 1878 musste der Steg dem Seedamm mit Fahrstrasse und Eisenbahnlinie weichen; seit April 2001 kann man den traditionsreichen Weg wieder unter die Füsse nehmen. Mit oder ohne Erbsen in den Schuhen!

Auch für Pilger ohne religiöse Motivation ein Erlebnis: der alt-neue Steg bei Hurden.

16 Auf Amtes Wegen

Von Hausen am Albis durchs Knonauer Amt nach Rumentikon

Route	Hausen am Albis–Huserholz–Mülibach–Zwingli-Denkmal–Näfenhüser–Kappel–Uerzlikon–Pestalozzi-Stiftung–Knonau–Aspli–Hatwil–Islikon–Frauenthal– Rumentikon(–Cham)
Anreise	ZVV-Bus 235 (□ 800.235) von Zürich-Wiedikon nach Hausen am Albis
Rückreise	Ortsbus 51 (□ 660.23) von Rumentikon nach Cham und SBB (□ 660) von Cham nach Zürich
Wanderzeit	Knapp 5 Stunden
Karten	Landeskarte 1:25 000, Blatt 1111 «Albis» und 1131 «Zug»
Gaststätten	Hausen, Kappel, Uerzlikon, Knonau, Cham
Besonderes	Ämtler Weg mit Angaben zu Geschichte, Kultur und Natur Zwingli-Stein Kloster Kappel (www.klosterkappel.ch, Tel. 01 764 88 10) Heimat-Museum Schloss Knonau (www.schloss-knonau.ch, Tel. 01 767 90 60) Kloster Frauenthal (www.frauenthal.ch, Tel. 041 780 10 55) Industriepfad Lorze

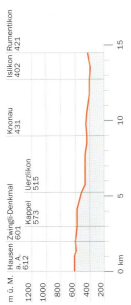
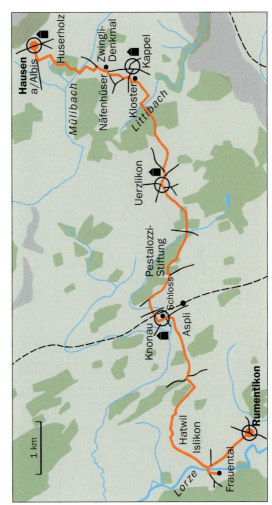

Säuli und Seidenraupen

«Es richtet sein Antlitz mehr gegen Süden». Bei Frau Hüni, die immer gestrickte Kostüme, Brosche am Busen und Brille trug, mussten wir Viertklässler diesen des Merkens würdigen Satz ins Heimatkundeheft schreiben. Die Rede war vom Knonauer Amt. Mir kam der Satz tatsächlich äusserst merkwürdig vor. Nicht nur, weil mich die Orthografie von «Antlitz» verwirrte. Fast noch mehr Mühe bekundete ich mit dem Bild. Wo war das Antlitz des Knonauer Amts? Etwa der Albis als Stirne? Der Türlersee als zyklopisches Einauge? Der Kappeler Kirchturm als Nasenspitz? Noch heute verfolgt mich, wenn ich ins Amt komme, diese frühschulische Prägung. Deshalb weiss ich bestens, dass das südwestliche Randgebiet des Kantons Zürich, von der Albiskette vom übrigen Kantonsgebiet abgetrennt, tatsächlich eher mit Zug als mit Zürich liebäugelt. Dass der dortige Haustyp mit seinen Klebedächern gegen die Regengüsse über den Fensterreihen, dem Steinsockel und dem Fachwerk den Zentralschweizer Bauernhäusern gleicht. Ja, dass sogar die gehörnten Schnabelgeissen, die Ottenbacher Spräggele, die dort im Dezember ihr Unwesen treiben, ans inneralpine Brauchtum erinnern. Und schliesslich: dass die Tracht der Ämtlerinnen, die man heute noch am Sechseläuten sieht, einst stellvertretend für alle Frauen vom Land herhalten musste: Puurefőifi nannte man sie, weil ihre Tracht im Rücken zwei aufgenähte Bänder hatte, die eine römische V bildeten. Während der Ausdruck und die entsprechenden Damen heutzutage obsolet geworden sind, ist die Bezeichnung Säuliamt noch durchaus lebendig, obwohl die Bauern, die ihr Borstenvieh über den Albis oder die Baldern nach Zürich auf den Markt trieben, ebenfalls der Vergangenheit angehören. Überhaupt hat die neue Zeit das Amt mit Strasse, Schiene und Siedlungsbau längst eingeholt, im südlicheren Teil zwar etwas weniger. Mit der S 9 ist das Gebiet mittlerweile im Verkehrsverbund integriert; der massive Widerstand gegen den umstrittenen Abschnitt Knonauer Amt der A 4 als Bindeglied zwischen der Innerschweiz und dem Verkehrsdreieck Zürich-West hatte keinen Erfolg. Trotz Bedenken der Umweltorganisationen ist die Autobahn im Bau und soll 2008 eröffnet werden; dem bislang weit gehend intakten Amt droht das gleiche Schicksal wie dem Gatt- und dem Limmattal.

Das alles geht mir durch den Kopf, als wir in Hausen aus dem Postauto steigen und uns am vielarmigen Wegweiser orientieren: Näfenhüser 35 und Kappel 40 Minuten – unsere Route! In westlicher Richtung folgen wir ein

Zwingli-Stein: Erinnert an ungute Zeiten, als man sich wegen des Glaubens befehdete.

Stück weit der Rifferswiler Strasse, bis uns ein Schild nach links lenkt und zudem anweist, doch bitte den Fussgängerstreifen zu benützen! Unter dem offiziellen gelben Weiser findet sich ein zweiter, blauer mit gelber Schrift: Ämtler Wäg. Diesen 46 Kilometer langen Rundgang hat die Gemeinnützige Gesellschaft des Bezirks Affoltern GGA im Jahr 2000 zu ihrem 175. Jubiläum eingerichtet. An 22 Posten erfährt da der Wanderer Wissenswertes aus Kultur, Alltag, Geschichte und Natur. Ein Stück weit folgt auch unsere Route diesen kulturhistorischen Stationen, die aber den Blick aufs grandiose Panorama der Glarner und Innerschweizer Alpen dennoch nicht vergessen lassen sollen.

Vorerst gehen wir die Jakob-Zürrer-Strasse entlang, lassen uns vom Schild «Privatstrasse» nicht irritieren und gelangen so kurz danach vor ein Fabrikgebäude. Da erfahren wir auch, dass dieser Hans-Jakob Zürrer als 22-Jähriger 1825 diese Textilfirma gegründet hatte, bald schon an die 700 Leute beschäftigte und 1856 anlässlich der Pariser Weltausstellung mit seinen Seidenstoffen die Silbermedaille holte. Am Anfang der Ämtler Textilindustrie stand wie vielerorts das häusliche Spinnen und Weben von Baumwolle in nebenamtlicher Heimarbeit, wozu die Fergger aus der Stadt das Rohmaterial lieferten und die Fertigware wieder abholten. Um dieses Hin du Her zu rationalisieren und den steigenden Bedarf zu decken, entstanden entlang der Flussläufe die Textilfabriken, deren Webstühle mechanisch betrieben wurden. 1857 versuchte man sogar mit Maulbeerbaumkulturen im Jonental die Seidenraupenzucht zu lancieren – ein Unterfangen, das fehlschlug. Dennoch: Um 1880 ratterten im Amt 1585 Webstühle in neun Fabriken, wo rund 2000 Arbeiterinnen und Arbeiter malochten. Überlebt hat als einzige im Bezirk die Weisbrod-Zürrer AG, heute in der fünften Generation. Heute sind 150 Leute und ein Hightech-Maschinenpark verantwortlich für die Entstehung von Seidenstoffen für Kleider, Krawatten und Flaggen.

Ein streitbarer Genosse

Nach diesem textilen Exkurs führt ein Natursträsschen geradewegs zu einem kleinen Waldstück, dem Huserholz. Danach überqueren wir den Mülibach und gelangen über freies Feld zum Zwingli-Stein. Der ungeschlachte Lunkhofener Granitblock zwischen zwei mächtigen Linden erinnert an den streitbaren Reformator. Eine Bronzetafel trägt die Inschrift: «Den Leib können sie tödten, nicht aber die Seele. So sprach an dieser Stätte Ulrich Zwingli, für Wahrheit und der christlichen Kirche Freyheit den Heldentod sterbend, den 11. Octob. 1531.» Vielleicht hat er das nicht ganz so gesagt. Sicher ist jedoch, dass er zusammen mit 500 Mitstreitern in dieser Gegend anlässlich der Zweiten Schlacht bei Kappel den Tod fand. Weil das reformierte Zürich die fünf innerschweizerischen Orte mit einer Kornsperre gefügig machen wollte, waren von dort 7000 Mann angerückt, um den zürcherischen Fähnlein von knapp 3000 Mann zu zeigen, wo Gott hockte; nämlich auf der katholischen Seite.

Zwei Jahre zuvor war es auf dem nahen Islisberg bereits zu einem Waffengang der beiden Glaubensparteien gekommen: Streitpunkte waren die Zulassung der reformierten Predigt in der Innerschweiz sowie die Abschaffung des lukrativen Söldnerwesens. «Tuond um gotzwillen etwas dapfers!», habe Zwingli die Zürcher Regierung aufgefordert. Doch damals hatte der Hunger offenbar über die religiösen Differenzen triumphiert, sodass man einträchtig die berühmte Milchsuppe auslöffelte, statt sich die Köpfe blutig zu schlagen und mehr. Auch an jenes Ereignis erinnert ein Denkmal: der Kappeler Milchsuppenstein südlich von Ebertswil, der aber nicht an unserem Weg liegt. Dieser führt nun direkt zum malerischen Weiler Näfenhüser, benannt nach einem gewissen Adam Näf von der Vollenweid. Dieser soll, so belehrt uns die Tafel 9 wenig unterhalb der Häusergruppe, im Getümmel der Schlacht das zürcherische Banner den katholischen Klauen entrissen und für diese ruhmreiche Tat einen Teil der klösterlichen Güter erhalten haben.

Globis Urahnen?
Die Klosterkirche selbst – den dunklen Dachreiter im Schnittpunkt über dem Längs- und dem Querschiff – ragt nun direkt vor uns in den stahlblauen Winterhimmel; in wenigen Minuten stehen wir vor dem Posten 10 des Ämtler Weges. Und erfahren, dass die Abtei «Cappel» von Zisterzienser Mönchen aus dem freiburgischen Hauterive, das noch heute existiert, im Jahr 1185 als Stiftung der Eschenbacher gegründet wurde. Einer dieser Eschenbacher, Walter IV., hatte sich am Mord König Albrechts bei Windisch (1308) beteiligt. Deshalb wurden seine Besitzungen von den Habsburgern konfisziert und sein Stammsitz geschleift (vgl. Seite 131). Die Inschrift in jenem Glasfenster der Klosterkirche, das einen knienden Ritter in Kettenrüstung zeigt, erhält damit geradezu prophetische Züge: «Got hilf her dim Diener mir iunge Walth vo Eschibach.»

Himmelwärts strebende Gotik: Kloster und Kirche von Kappel.

Zunehmend geriet das Kloster in der Folge unter Aufsicht des Zürcher Rats. Bereits 1527 wurde die Klosterwirtschaft säkularisiert und der zürcherischen Staatsdomäne zugeschlagen, was auch die erwähnte Schenkung an Näf erklärt. Ja, der letzte Kappeler Abt hatte sich sogar auf die Seite der Evangelischen geschlagen und war zusammen mit Zwingli umgekommen. Später diente die Anlage während rund 150 Jahren als Asyl für Bedürftige, bis nach einer umfassenden Renovation von 1983 die evangelisch-reformierte Landeskirche daraus ein Zentrum der Besinnung, der Begegnung und der Bildung machte, genannt Haus der Stille.

Wir klopfen den Schnee von den Schuhen und betreten nun den Kirchenraum. Ein hohes Kreuzrippengewölbe in traditionell ost-westlicher Ausrichtung, in dem alles nach oben, gen Himmel, strebt – zu Recht gilt der Bau aus dem 13./14. Jahrhundert als eines der herausragenden Zeugnisse der Frühgotik im Land. Und zum Glück hat der reformatorische Glaubenseifer wenigstens fünf Glasfenster in der Nordwand, Rudimente eines umfangreicheren Zyklus, verschont; im Gegenlicht flammen sie intensiv auf und bilden einen wundersamen Kontrast zur Strenge und Kargheit des Raums. Gegenüber in der südlichen Chorwand zeugen der dreifache steinerne Pontifikalsitz sowie, im Mittelschiff und unter der Vierung, das eichene Chorgestühl vom Kunstsinn der damaligen Steinmetze und Schnitzer. An den Seitenpfeilern der südlichen Stephans-Kapelle begegnen wir schliesslich in Form einer Wandmalerei dem Ur-Globi, und das gleich doppelt. In der Helmzier des Geschlechts der Gessler von Brunegg, die als Wohltäter hier bestattet sind, soll der Zeichner Robert Lips (1912–1975) 1932 das Vorbild für seinen blau-gelben Papagei entdeckt haben, als er hier vor einem Gewitter Schutz gesucht habe. So jedenfalls will es die hartnäckig kolportierte Legende, auch wenn Lips offenbar nie in Kappel war. Se non è vero ... Jedenfalls ist die Ähnlichkeit verblüffend, und der damalige Werbechef von Globus, der gewiefte Karl Schiele, hätte seinem frechen Vogel keine vornehmere Abstammung andichten können.

Die Familie Gessler von Brunegg als Ahnherren Globis?

Wir gehen vom Klosterkomplex westwärts über die Chlostermatt, überschreiten den Littibach, dem wir kurz folgen, um dann erneut in eine Waldparzelle zu gelangen. Jetzt verlassen wir den kulturhistorischen Pfad, der über Rifferswil nach Knonau führen würde, und folgen der Beschilderung Knonau via Uerzlikon. Auch da fallen einige stattliche Bauernhäuser auf. Wir durchqueren das Dorf über die Baarer Strasse und wenden uns beim Restaurant Lindenhof

Das schottische Urrind als Vorgänger der Schweizer Kuh?

wieder nach links. Ein sanfter Anstieg über den Rücken eines Moränenwalls, ein etwas steilerer Abstieg in die sumpfige Senke des Häglimooses und wieder ein Anstieg hinauf zum Gruenholz. Beim Austritt aus dem Wald fallen uns die modernistischen Baukuben der Pestalozzi-Stiftung auf: architektonischer Kontrapunkt sozusagen zu den archaischen Hochlandrindern im Gehege jenseits der Strasse. Das Anwesen ist ein Schul- und Erziehungsheim für verhaltensauffällige Jungen. Ihnen soll hier eine ganzheitliche Betreuung und Förderung zukommen, die auch den Kontakt mit der Scholle, mit Natur und Tier einschliesst.

Statt direkt dem Knonauer Bahnhof zuzustreben, folgen wir der Strasse, die in weitem Bogen die erfolglos torpedierte A 4 und die Bahnlinie unterquert und in den alten Dorfkern führt. Neben anderen schmucken Häusern ist da vor allem das renovierte Landvogteischloss eine Besichtigung wert, allerdings beschränkt auf den Blick durchs schmiedeeiserne Tor, da das Anwesen nach einer bewegten Geschichte seit 1998 im Privatbesitz eines deutschen Antiquitätenhändlers ist. Periodisch öffnet dieser sein Haus für Führungen und eine Verkaufsausstellung, vorab von wertvollem Porzellan. Erste Zeugnisse einer ehemaligen Meierei an dieser Stelle lassen sich indes bis 1240 zurückdatieren. 1512 erwarb die Stadt Zürich das Meierrecht (= Verwaltungsbefugnis) und die damit verbundene Gerichtsbarkeit von einem Meyer von Knonow. Erst 1525, wie die jüngsten dendrochronologischen Untersuchungen des Bauholzes ergaben, liess die Stadt das repräsentative Schloss mit dem charakteristischen Treppengiebel als Sitz für ihre Landvögte errichten. Im Zweiten Kappeler Krieg wurde der Regierungssitz

Über zweihundertjährige Platanen flankieren das Schloss Knonau.

des verhassten Zürich stark beschädigt, aber kurz darauf, mit Mauern und einem Wassergraben befestigt, als Bollwerk gegen die Katholiken wieder aufgebaut. So blieb das Gebäude zwischen den zwei gigantischen Platanen, 1786 gepflanzt, Sitz der zürcherischen Verwaltung, bis das Revolutionsjahr 1789 die alte Ordnung hinwegfegte. Ab 1798 folgte eine Periode der wechselnden Besitzer, Funktionen und Anbauten: Die Vogtei ist mal Pfarrerhaus. Dann Poststelle und Fuhrhalterei für den Postkutschenbetrieb Zürich–Luzern. Dann Sennhütte mit Käserei. Anfang des 20. Jahrhunderts psychiatrische Klinik. Zwischen 1990 und 1994 Firmensitz einer Consultingfirma. Und jetzt wieder Privatresidenz, der man allerdings eine noblere Umgebung wünschte als die stark befahrene Chamer Strasse, die wir jetzt überqueren.

Ora et labora an der Lorze

Schräg gegenüber der Schlosseinfahrt zweigt der vorerst asphaltierte Weg Richtung Frauenthal ab. Über die Gehöfte Aspli, Hatwil und Islikon führt der Weg in leichtem Auf und Ab und mit wechselnden Duftmarken zum Kloster Frauenthal. Etwas verschlafen liegt es auf einer Insel, die von zwei Armen der Lorze gebildet wird; abgeschieden, wie es die Zisterzienser Tradition will. 1231 vom Freiherrn Ulrich von Schnabelburg gestiftet, lebten und leben hier, mit einem Unterbruch in den zwei Jahrzehnten der Reformationswirren, Klosterfrauen nach den Ordensregeln des heiligen Benedikt und den Bräuchen von Citeaux. Mehrmalige Erweiterungen haben die heutige vierflüglige Anlage entstehen lassen, wo zurzeit noch etwa zwanzig Nonnen wohnen, deren Alltag sich zwischen Gebet, Lesung und Arbeit auf dem klostereigenen Gutsbetrieb abspielt. Likör und Lebkuchen gelten als die Spezialitäten des kleinen Klosterladens; auch die Klosterkirche selbst – ein Bau aus dem 13. Jahrhundert, aber im 18. Jahrhundert zur heutigen Saalkirche umgestaltet – lohnt einen Besuch. Doch was die heilige Agatha, die die Säule des achteckigen Brunnens ziert, auf ihrem Teller präsentiert, sind mitnichten Lebkuchen; die Attribute der bedauernswerten Märtyrerin sind vielmehr ihre abgeschnittenen Brüste.

Über einen morastigen Feldweg gehen wir die östliche Böschung entlang und sind in einer Viertelstunde in Rumentikon. Von hier könnten wir für eine weitere Wegstunde der Lorze folgen, uns über die frühe Nutzung der Wasserkraft informieren und ein paar hochherrschaftliche Fabrikantenvillen bewundern. Oder aber eine getigerte Bauernkatze kraulen und auf den blauen Ortsbus warten, der uns nach Cham bringt.

17 Wie aus dem Fluss ein See wird

Von Hedingen entlang der Reuss nach Bremgarten

Route	Hedingen–Schachen–Hochfurenweid–Weid–Jonentobel–Jonental–Obschlagen–Jonen/Winkel–Hefihof–Werd–Schachen–Rottenschwil/Lochmatten–Flachsee–Hermetschwil–Rüsshalden–Bremgarten West(–Iselauf–Emauskapelle–Bremgarten Obertor)
Anreise	S 9 (□ 711) von Zürich nach Hedingen
Rückreise	S 17 (□ 654) von Bremgarten nach Dietikon und S 12 (□ 710) von Dietikon nach Zürich
Wanderzeit	4 Stunden
Karten	Landeskarte 1:25 000, Blätter 1111 «Albis», 1110 «Hitzkirch», 1090 «Wohlen»
Gaststätten	Hedingen, Jonen, Rottenschwil, Bremgarten West, Bremgarten
Besonderes	Waldkapelle Jonental Beschauliche Flusswanderung durch Naturschutzgebiete: Flachsee, Vogelparadies, Naturreservat Naturschutz-Informationszentrum Zieglerhaus in Rottenschwil (www.stiftung-reusstal.ch, Tel. 056 634 21 41) Historischer Stadtkern von Bremgarten

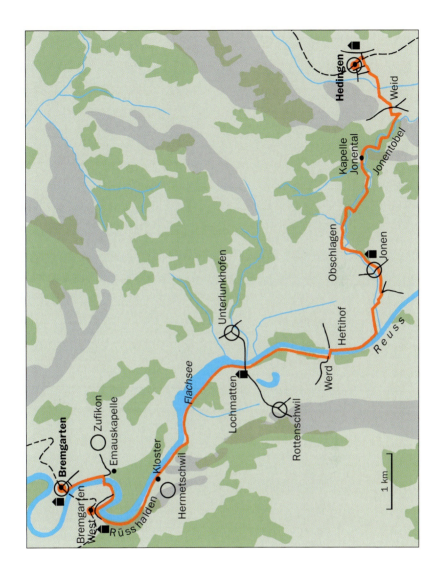

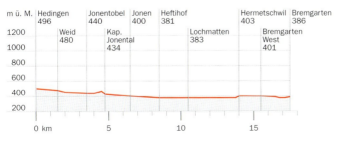

Maler Mario ...
Seldwyla ist auch in Hedingen. Hedingen: ein unspektakuläres 3000-Seelen-Dorf an der westlichen Grenze des Kantons Zürich, im Säuliamt. Gigantischer Verkehrskreisel. Typischer Käsbissenturm. Romantischer Weiher. Burgruine. Drei Schulhäuser. – Für das Oberstufenschulhaus Güpf – 1957 erbaut, damals ein fortschrittlicher Flachdachbau mit grossen Fensterfronten – wollte die aufstrebende Gemeinde etwas ganz Spezielles: Kein Geringerer als der – damals wohl noch nicht so bekannte – Maler Mario Comensoli (1922–1993) wurde engagiert, das moderne Schulhaus mit Kunst am Bau zu schmücken. Er schuf zwei Wandgemälde, die Menschen bei der Arbeit zeigten, mithin ein Sujet, das ihn ein Leben lang begleiten sollte. Und passend zum Ort und zu den biederen Fünfzigerjahren gibt es da natürlich keine allzu schrägen Figuren, keine Fixer, Sexworker, Anarchos, wie sie später seine Bilder bevölkern. Wie die Gemälde beim Volk ankamen, weiss man in Hedingen heute nicht mehr. Tatsache ist, dass die Schuljugend nicht eben zimperlich damit umging und munter draufloskritzelte und kratzelte. Die Lehrerschaft hatte es offenbar nicht für nötig gehalten, für den Schutz der Kunstwerke – in Form einer Glasscheibe oder durch entsprechende Sanktionen – zu sorgen. Binnen kurzem waren die Fresken jedenfalls in einem derart pitoyablen Zustand, dass man beschloss, sie mit Gipsplatten zuzudecken und hinter Wandschränken verschwinden zu lassen. Heute gehört Comensoli zu den namhaften Malern im Land, im Hedinger Lehrerzimmer weiss kaum jemand von ihm – geschweige denn von seinen Werken, die da im Dunklen vegetieren ... Und der «Schweizerische Kunstführer», der die Werke noch zitiert, sieht ganz schön alt aus.

So können wir uns den Weg ins Oberdorf sparen. Stattdessen gehen wir vom Bahnhof ein Stück das Gleis entlang und schwenken nach rechts durch die Unterführung, die uns zur Arnistrasse bringt, die dem unappetitlichen Dorfbach folgt. Später kommen wir zur Schachenstrasse, die dorfauswärts aufs freie Land hinausführt. Hinter uns der grüne Rücken der Albiskette, vor uns Äcker und Wiesen, so weit das Auge reicht; in der Ferne ein paar rote Dächer – wahrscheinlich Zwillikon. Und ganz im Hintergrund schwach erkennbar das charakteristische Pultdach der Rigi, daneben der Klotz des Pilatus; Cumuluswolken im flirrenden Sommerhimmel – eine Landschaft, wie von Robert Zünd gemalt.

Wir überqueren den Höfibach und gelangen zum Gehöft Weid, wo sich der Weg nach Süden, d. h. nach links, wendet. In spitzem Winkel biegt er

Romantik pur im Jonentobel: moosger Stein, rieselnder Bach, grünes Zelt.

kurz danach wieder nach rechts, folgt erst dem Waldsaum und dringt dann ins bewaldete Jonentobel ein. Eine gedeckte Brücke führt über den Jonenbach, um wenig später das Ufer über eine zweite Brücke wiederum zu wechseln. Beidseits steigen Sandsteinwände in die Höhe, deren helle Stirnen durch das satte Grün des Mischwalds blinken. Die dritte Brücke lassen wir links liegen und folgen brav den gelben Rhomben; der Bach fliesst nun zu unserer Linken. Ein Grenzstein markiert die Kantonsgrenze; wir sind nun im Kanton Aargau. In der Waldparzelle, die Goom heisst, befinden wir uns erneut am linken Bachufer. Unversehens taucht nach einem leichten Anstieg am Ende des schnurgeraden Waldpfads, der über einen Steg führt, die Wallfahrtskapelle Jonental auf.

… und Mutter Maria

Die Kapelle gilt als der bedeutendste Marienwallfahrtsort des Aargaus. Und mit ihrer Entstehung in idyllischer Waldeinsamkeit verbindet sich natürlich eine Sage: Ein Geisshirt sei auf der Suche nach einem verirrten Zicklein über die Felswand an diese abgeschiedene Stelle hinuntergelangt, wo er sein Tier auch prompt wiederfand. Mehr noch: Aus der Tiefe des Waldes erklang ein Klingen und Singen, sodass der einfältige Bub alles um sich vergass und auf einer Moosbank einschlief. Im Traum erschien ihm die Gottesmutter in einem Kirchlein und machte ihm bedeutsame Zeichen, die er nicht verstand. Beim Aufwachen fand er ein Gnadenbildchen neben sich, und schon kamen die Männer aus dem Dorf, den Vermissten zu suchen. Die Geschichte verbreitete sich rasch, und der Pfarrer wusste sofort, was es galt: nämlich eine Kirche auf der Anhöhe zu bauen. Doch damit schien die Jungfrau Maria nicht einverstanden: Immer in der Nacht hiess sie ihre himmlischen Heerscharen, die tags zuvor auf der Anhöhe aufgebauten Mauern niederzureissen und hinunter ins Tobel zu werfen. Nach drei Versuchen begriffen es auch die Bauleute: Die Kapelle sollte dort unten entstehen, wo der fromme Knabe das Marienbild gefunden und die wundersame Musik gehört hatte. Die Magie des Orts tat ihre Wirkung, die Pilger mehrten sich, und 1521 konnte das ursprüngliche, schlichte Bethaus durch eine echte Kapelle ersetzt werden.

Das jetzige Gotteshaus – nach Osten ausgerichteter Grundriss in Form eines lateinischen Kreuzes, dreijochiger Portikus von südlichem Flair und graziler Dachreiter auf dem Firstkreuz – stammt aus den Jahren 1734 bis 1736. Über eine Treppe erreicht man die Plattform, die von zwei Schatten spendenden Kastanien dominiert wird. Unter dem von Säulen gestützten steilen Vordach betritt man den lichten Kirchenraum. Im Innern ist das tonnenförmige Schiff mit Sgraffiti in einfachen Régence-Motiven – rosa marmorierte Füllungen in blassgrünem Rahmenwerk – dekoriert. Markante Akzente setzen drei spätbarocke Altäre in schwarzem Stuckmarmor, auf dem mittleren thront die Madonna in Strahlenkranz und Wolkengloriole. Die Schmerzensreiche ist offenbar ebenso zuständig für Prüfungsängste wie für Schwangerschaften, was die Dankesbriefe am seitlichen Anschlagbrett bezeugen. Und ganz besonders freut sich die Himmelskönigin, wenn vor ihren Augen ein Ehebund geschlossen wird, was sehr beliebt ist. Bleibt die Frage: Wie gelangen die Bräute in ihren Seidenschuhchen über den holperigen Waldboden hierher? Schwebend auf Glücksgefühlen? Oder getragen von den starken Armen des Bräutigams?

Überlassen wir die Lösung dem konkreten Fall, und wenden wir uns der Umgebung zu: Am Fuss der leicht erhöhten Kapelle liegt das behäbige Sigristenhaus. Südlich der Umfassungsmauer steht ein Pilgerbrunnen, der die Jahreszahl 1735 trägt. Linker Hand des Kirchenplatzes laden einfache Holzbänke und Tische zur Rast: Der Ort strahlt eine wohltuende Ruhe aus,

Waldkapelle Jonental – verwunschene Idylle auch für Nicht-Gläubige.

die auch uns profane Besucher anspricht, die mit Pilgertum und Marienverehrung wenig am Hut haben.

Über einen Waldweg, der die Lichtung in westlicher Richtung verlässt, gehen wir weiter, passieren einen romantischen Seerosenweiher, kommen wenig später nach Obschlagen und von dort nach Jonen, dem südlichsten Dorf des Kelleramts. Das Dorfzentrum überrascht mit einigen schönen Riegelhäusern, in deren Mitte eine neobarocke Kirche (1804) aufragt, die dem heiligen Franz Xaver geweiht ist, einem eher seltenen Kirchenpatron, der als Missionar bis nach Indien, China und Japan gelangte. Und gleich daneben die ehemalige Taverne Zur Muttergottes, die illustriert, wie eng seelisches und leibliches Wohl beieinander sind. Für Letzteres wäre heute das «Kreuz», ein behäbiger Riegelbau an der Dorfstrasse zuständig; doch da verkündet ein gemalter Koch: Heute Wirtesonntag!

Fluss im Korsett

So folgen wir denn der Dorfstrasse durch biedere Einfamilienhausquartiere, bis uns die Markierung nach rechts und über den Jonenbach weist. Das erbärmlich kanalisierte Wässerchen entlang führt ein Feldweg bis zur Mündung in die breite Reuss. Unterwegs passieren wir einen Komplex mächtiger Gewächshäuser und stehen dann am breiten Wasser, das grün und gemächlich dahinströmt. Jahrhundertelang hat der mäandrierende Fluss mit seinen Hochwassern den Bauern und Siedlern in seinem Einzugsgebiet Sorgen bereitet. Die umfassende aargauische Melioration zwischen 1953 und 1985 verwandelte den vormals sumpfigen und ungesunden Talgrund in fruchtbares Ackerland. Die massiven Eingriffe schnitten jedoch einzelne Reussschlaufen vom Fliesswasser ab; Relikte des einstigen Flusslaufs sind noch immer beidseits der Reuss auszumachen, etwa im Schachen, im Gebiet der Stillen Reuss bei Rottenschwil oder im Moos bei Hermetschwil. Als ausgleichendes Staubecken für das Flusskraftwerk Bremgarten-Zufikon entstand 1975 schliesslich der durch Menschenhand geschaffene Flachsee in Unterlunkhofen, der als ornithologisches Biotop von internationaler Bedeutung unzähligen Wasser- und Watvögeln als Brutplatz und Winterquartier dient. So wurden in der Reussebene Bedürfnisse von Land- und Forstwirtschaft, Hochwasserschutz, Energiewirtschaft und Naturschutz in einem beispielhaften Kompromiss zusammengebracht.

Auf dem Reussdamm kommen wir zügig voran und erreichen schon bald die Werdbrücke, wo man für die Fortsetzung des Wegs zwischen beiden

Ufern wählen kann. Wir entscheiden uns für das linke. Schilfgürtel, Sommerflieder, Wasserlilien, Silberweiden. Grünes Wasser, Wolkentürme über dem weiten Horizont. Stille, die vom Knirschen unserer Schritte auf dem Kiesweg strukturiert wird. Ab und zu das Schnarren einer Ente. Das Glucksen im Wasser – ein springender Fisch, ein flüchtender Frosch? Der Sommer ist fast greifbar. Wir erreichen als Nächstes die Rottenschwiler Brücke, wo der «Hecht» ebenfalls Wirtesonntag hält. An der Hauptstrasse etwas weiter landeinwärts, an einem toten Arm der Reuss, befindet sich das Zieglerhaus von 1793. Es wurde 1980 renoviert und bietet als Naturschutzzentrum Informationen über Natur und Landschaft des unteren Reusstals.

Wer kennt die Enten, nennt die Namen?

Auch am Wasser, das sich jetzt zum länglichen See weitet, gibt eine Tafel Auskunft über die verschiedenen Vogelarten, die hier heimisch sind oder als Durchzügler leben; jetzt im Sommer ist die gigantische Freiluftvolière eher schwach besiedelt. Regenpfeifer, Blässhuhn, Eisvogel, Rohrsänger, Bekassine, Strandläufer, Gänsesäger, Zwerg- und Haubentaucher sind nur einige, die da genannt werden. Dazu kommt das riesige Heer der verschiedenen Enten, die der an Donald Duck geschulte Laie kaum auseinander hal-

Von der Natur zurückerobert: der Flachsee im Reusstal.

ten kann und die mit Vornamen wie Stock, Reiher, Krick, Pfeif, Tafel, Löffel, Spiess oder Schnatter aufwarten. Nach einer rapiden Zunahme auf bis zu 6500 Vögel in den 1980er-Jahren, pendelte sich die Zahl auf etwa 2500 Exemplare ein, was die Ornithologen, die die Entwicklung genau beobachten, mit der zunehmenden Verlandung und Verschlickung des Gebiets in Verbindung bringen. Einzelne Arten wie die freche Rostgans, ein Zooflüchtling, dagegen nehmen in ungutem Mass zu. Weiter erfährt man da etwas über die Dynamik der Auen, die, mit Wasserständen von bis zu vier Meter Unterschied überflutet, auch ganz spezifische Vegetationstypen hervorbringen: von weichholzigen Erlen und Schwarzpappeln in oft überschwemmten Gebieten bis zu den Eschen- und Eichenwäldern in trockeneren Zonen.

Bei Hermetschwil führt der Domini-Loch-Steg als gelungene moderne Holzkonstruktion übers Wasser nach Zufikon. Wir bleiben jedoch auf dem linken Uferweg, der jetzt an den Mauern des Frauenklosters Hermetschwil vorbeiführt. 1083 wurde das Kloster Muri (vgl. Seite 174ff.) durch die Angliederung eines Frauenkonvents in ein Doppelkloster umgewandelt. Ende des 12. Jahrhunderts wurde das Frauenkloster hierher verlegt, wobei Muri – das Männerkloster! – die geistliche und weltliche Leitung weiterbehielt. Dabei war St. Martin durch zahlreiche Nonnen aus adligen Kreisen zu ansehnlichem Vermögen und weitläufigen Pfründen gelangt; die Klosterfrauen führten ein zwar tugendhaftes, aber nicht allzu entbehrungsreiches Leben ohne Klausur. Erst 1587 wurde dem Kloster durch das Tridentinische Konzil (1545–1563) ein strengeres klösterlicheres Leben aufgezwungen, es erlebte eine Blütezeit, wurde erweitert und – 1841 – wie die übrigen Klöster im Kanton aufgehoben. In den ehemaligen Ökonomiebauten entstand ein unabhängiges, heute staatliches Kinderheim. Die Nonnen blieben im 1878 zurückgekauften Klostergebäude, durften aber keine Novizinnen aufnehmen, weshalb das Haus einem württembergischen Kloster angegliedert und als dessen Priorat geführt wurde. Seit 1985 ist St. Martin wieder eine eigenständige Abtei, ein gutes Dutzend Ordensfrauen leben da nach den Regeln des heiligen Benedikt. Ein Blick in die sorgfältig restaurierte Kirche mit dem frühbarocken Hochaltar lohnt sich.

Dreierlei Wege nach Bremgarten

Nun folgt das letzte Wegstück: Es führt durch den schattigen Waldabschnitt der Rüsshalden. Knapp vor dem Stauwerk steigen wir vom Flussufer direkt zur Station Bremgarten West hinauf und besteigen da den Zug, der uns in wenigen Minuten direkt ins Zentrum des historischen Städtchens bringt. Wir hätten auch weiterwandern und beim Iselauf das Stauwehr überqueren können. Oder als dritte Möglichkeit bereits bei Hermetschwil das Ufer wechseln und entlang der Flussschlaufe oder als Abkürzung durch den Buechholderenwald zur Emauskapelle wandern können. Da mein Bedarf an Kirchen und Kapellen indes gedeckt ist, halten wir uns an die faulste Variante mit der Bahn, steigen aber am Obertor nochmals aus, um durch die schöne Altstadt von Bremgarten zu streifen. Dafür lohnt es sich, etwas Energie und Zeit aufzusparen.

1240 verlieh Rudolf, der spätere König, der habsburgisch-österreichischen Gründung das Stadtrecht, was dem stark befestigten Marktflecken kulturell wie wirtschaftlich einen gehörigen Entwicklungsschub verlieh. 1443 wurde die Stadt von den Eidgenossen eingenommen und blieb fortan Untertanenland, was ihren Expansionsdrang wieder einschränkte. 1529 gewann der gebürtige Bremgarter Heinrich Bullinger (1504–1575), der

Urbanes Bijou an der Reuss: Brückenstadt Bremgarten.

während Jahren als Lehrer am Kloster Kappel gewirkt hatte, seine Mitbürger für die neue Lehre, über die er eifrig mit dem Zürcher Reformator Zwingli (1484–1531) disputiert hatte. Nach dessen Tod in der Schlacht von Kappel (vgl. Seite 150) wurde Bullinger als sein Nachfolger nach Zürich berufen, und Bremgarten, unter zunehmendem Druck der katholischen Orte, schwenkte wieder zum alten Glauben zurück. Ein Hauch der grossen Geschichte streifte Bremgarten in den Revolutionsjahren, als General André Masséna (1758–1817) hier sein Hauptquartier aufschlug, um mit seinen französischen Truppen in der Schacht von Zürich (1799) die Helvetische Republik von Napoleons Gnaden gegen aussen und innen – gegen die Koalition Österreich-Russland sowie die eidgenössischen Anhänger der Alten Ordnung – zu verteidigen und schliesslich zu etablieren. Bremgarten und das Freiamt wurden Teil des helvetischen Kantons Baden. Mit der Schaffung des Kantons Aargau im Jahr 1803 wurde es Bezirkshauptort. Im Zuge der Industrialisierung, die hier mangels guter Verkehrsverbindungen zwar nur zögerlich einsetzte, begannen sich die Verhältnisse zu wandeln. Stadtmauern wurden geschleift, neue Quartiere entstanden. 1837 bis 1842 wurde die Mutschellenstrasse gebaut. Nach verschiedenen Projekten wurde als Zweiglinie der Centralbahn 1876 die Normalspurstrecke von Wohlen nach Bremgarten West eröffnet. Wichtiger war jedoch die 1902 geschaffene Schmalspurbahn-Verbindung vom Obertor nach Dietikon, die den Anschluss nach Zürich gewährleistete. Doch erst 1912 verband eine Eisenbahnbrücke die beiden Stumpengleise; das Wohlener Teilstück musste auf Kosten der BDB elektrifiziert und umgebaut werden, bevor die ganze Strecke ins SBB-Netz eingegliedert wurde. Heute sind wir froh über diese Verbindung, die uns bequem nach Dietikon bringt.

Zuvor aber, wie gesagt, ein kurzer Rundgang durch das Kalenderblatt-Städtchen, das im ganzen Land als Waffenplatz der Genietruppen bekannt ist. Bremgarten besitzt aber auch Vorzüge von weniger martialischem Charakter: malerische Gassen, gepflegte Hausfassaden, Türme – darunter als Wahrzeichen der Spittelturm –, den markanten Muri-Amtshof, das Schlössli, die Stadtkirche St. Nikolaus, mehrere Kapellen und schliesslich die gedeckte Holzbrücke. All dies fügt sich zu einem Stadtbild, das kein Verkehrsverein attraktiver entwerfen könnte. Dass in diesen geschichtsträchtigen Mauern auch das heutige Leben stattfindet, demonstrieren drei Bengel, die den barocken Brunnen vor dem Zeughaus kurzerhand zum Planschbecken umfunktioniert haben.

18 Linde Bergwanderung

Von Sins über den Lindenberg nach Muri

Route	Sins–Chalchtaren–Herrenhof–Auw–Berg–Mariahald–Horben–Sonneri–Grod–Vorderwald–Schlatt–Geltwil–Gammerstall–Ippisbüel–Muri
Anreise	SBB (☐ 650 und 650.1) von Zürich nach Lenzburg und (☐ 653) von Lenzburg nach Sins Oder SBB (☐ 660) von Zürich nach Rotkreuz und (☐ 653) von Rotkreuz nach Sins
Rückreise	SBB (☐ 653, 650, 650.1 oder ☐ 653/660) von Muri via Lenzburg bzw. Rotkreuz nach Zürich Oder ZVV-Bus 245 (☐ 653.45) von Muri nach Zürich-Wiedikon
Wanderzeit	4½ Stunden
Karten	Landeskarte 1:25 000, Blätter 1130 «Hochdorf» und 1110 «Hitzkirch»
Gaststätten	Sins, Auw, Horben, Geltwil, Muri
Besonderes	Horben: Kinderspielplatz, Schloss und Kapelle, Panoramasicht vom Säntis bis zu den Berner Alpen Muri: Kloster, Kreuzgang und Klostermuseum (www.klosterkirche-muri.ch)

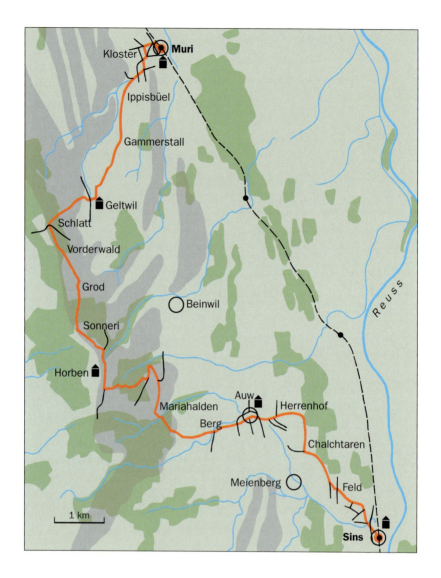
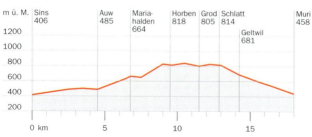

Apfelbäume und Wegkreuze

Der Bahnhof von Sins sieht aus wie von Märklin. Und ist der Ausgangspunkt unserer Wanderung. Sins, das sich stolz Zentrum des oberen Freiamts nennt, führt in seinem Wappen drei bodenständige Jasskarten-Rosen: Sie bilden einen heraldischen Meien, ein Bouquet, einen Strauss, und der wiederum nimmt Bezug auf den Ortsnamen Meienberg. Denn ursprünglich war dieser Weiler am Fuss des Lindenbergs das eigentliche Siedlungszentrum. 1386, in der Schlacht von Sempach, legten die Eidgenossen das habsburgische Städtchen, das sogar ein eigenes Marktrecht besass, in Schutt und Asche, sodass Meienberg heute nur noch als Aussenwacht von Sins besteht. Den seit 1941 gebräuchlichen Namen verdankt die Gemeinde nicht der Tatsache, dass ihre rund dreieinhalbtausend Bewohner mehr Sünden (engl. «sins») auf dem Kerbholz hätten als anderswo. Er soll sich vielmehr vom althochdeutschen Wort «sind» für Weg, Gang, Steg herleiten und auf den nahen Reussübergang hinweisen. An diese wichtigste Verbindung für die Freiämter Bauern auf die Märkte von Zug und für die Pilger nach Einsiedeln erinnern die gedeckte Brücke und das Zollhaus – heute ein Restaurant – am südöstlichen Dorfausgang.

Wir jedoch wenden uns gegen Westen und folgen dem Wegweiser Richtung Auw. Über einen recht befahrenen Verkehrskreisel erreichen wir die Kirchstrasse, die leicht ansteigt und natürlich hinauf zur Kirche führt, deren schlanker, spitzer Turm das gestreckte Langhaus überragt. Zuvor passieren wir das Gemeindehaus mit auffälligen, schwarz-weiss gestreiften Fensterläden; das palastartige, imposante Gebäude war ehemals der Sitz des Pfarrers! Nach einer leichten Linkskurve führt uns der Weg durch akkurat gereihte Obstkulturen und durch ebenso akkurat ausgerichtete Eigenheimplantagen. Da und dort ragen auf Balkonen und in Vorgärten Stangen, geschmückt mit kleinen Bäumchen, bunten Bändern, Disney- oder Globi-Figuren, himmelwärts. Nein, keine Mai- oder gar Freiheitsbäume, wie sie im Aargau 1798 überall sprossen. Stolze Ehrenmale sinds, die aller Welt verkünden, dass hier vor kurzem Vanessa, Lana, Darissa, Kevin, Bruce oder Den zur Welt gekommen ist. Namen geben die Leute ihren Kindern! Und ihren Strassen! Tschampani, lese ich auf einem Strassenschild.

Ein kurzes Wegstück führt durch den Forst, bei einem mächtigen, steinernen Wegkreuz – nicht das letzte auf unserer Wanderung durch katholisches Hoheitsgebiet – schlägt sich der Weg quer durch die Matten. Nach der kleinen Krete von Chalchtaren zeigt sich linker Hand der rot geschindelte

Apfelsegen, dass sich die Zweige biegen.

Glockenturm der Kirche von Auw über den Wipfeln der Obstbäume: unser erstes Etappenziel. Am Dorfeingang steht das Geburtshaus einer gewissen Maria Bernarda Bütler (1848–1924). Sie habe, so erfahren wir, 1888 ihren Posten als Oberin des Kapuzinerinnenklosters Altstätten im Rheintal verlassen, um sich fortan in Lateinamerika ums Heil der armen Heiden zu kümmern, wofür sie 1995 selig gesprochen wurde. Und von den Auwern Behörden eine Strasse gewidmet erhielt. Sowie ein Alters- und Pflegeheim.

Auw wird von der lärmigen Sinser Strasse zweigeteilt; ein kurzes Stück müssen wir der Kantonsstrasse folgen, bis uns eine gelbe Markierung wieder von der Verkehrsachse wegholt. Über die Käsereistrasse und anschliessend die Bergstrasse gehen wir aufwärts Richtung Mariahalden. Der starke Freiämter Glaube manifestiert sich sogar auf den Hausdächern: Ein mächtiges JHS aus hellen Ziegeln auf dem ausladenden Dach eines Bauernhauses soll offensichtlich vor Blitz und Hagel verschonen und auch alle weiteren Übel abwenden, die von aussen kommen.

Holz und Gras, Milch und Korn

Über Wiesland und durch den Grächtigkeitswald gehts gemächlich bergwärts. Seinen eigentümlichen Namen verdankt der Wald einem althergebrachten Nutzungsrecht, wie es im Freiamt – und auch anderswo – üblich war. Noch heute bestehen in Beinwil und seinen Fraktionen Wiggwil und Winterschwil gut organisierte Gerechtigkeitsvereine oder Korporationen, die bis ins ausgehende 16. Jahrhundert zurückreichen. Aus der Zeit der Helvetik (1798–1803) haben sich dreissig solche Gerechtigkeiten erhalten, welche den Holzschlag den Gemeindeburgern vorbehalten. Um die Übernutzung einzuschränken, wurde den Zuzügern Einbürgerung oder Grundbesitz erschwert, und der Holzhau stand nur den Eigentümern, den so genannten Gemeindern, zu. Obschon der wirtschaftliche Zweck der Gerechtigkeiten heute an Bedeutung eingebüsst hat, dürfen die Anteile noch immer nicht ausserhalb des Ortes verkauft oder vererbt werden.

Ab und zu fallen uns weisse Pfosten auf, die jeweils zu dreien auftreten und die Neugier mit befremdlichen Schlagwörtern wecken. «Sonnenkrone», «Fleischfest», «Lustwandel» ist da zum Beispiel zu lesen. Dank solcher Reizwörter und dem zugehörigen Kleingedruckten will die schweizerische Bauernsame mit diesen so genannten Lockpfosten auf sich und ihre wichtige Tätigkeit aufmerksam machen und sie dem geneigten Wanderer vor Augen führen. «Gut, gibts die Schweizer Bauern», lautet als Fazit jeweils der abschliessende Slogan. «Und die Subventionen!», hat ein Spassvogel dazugekritzelt. Jedenfalls erfährt der zivilisationsgeschädigte Städter allerhand Wissenswertes über Obstkultur und Milchwirtschaft, Ackerbau und Schweinezucht – von flippigen Textern in flapsige Kurztexte verpackt.

Sommerfrische für Kleriker und Profane
Schliesslich treffen wir, schon fast auf der Krete des Lindenbergs, auf die Fahrstrasse nach Horben, die – sieh an! – von Lindenbäumen gesäumt ist. Am südlichen Horizont verdunsten die Berner Alpen; weiter ostwärts meinen wir den Titlis und den Glärnisch zu erahnen, unverkennbar ist dagegen das Pultdach der Rigi; im Westen öffnet sich der Tiefblick auf das aargauisch-luzernische Seetal. Bis zur Ausflugsbeiz auf dem Horben, was sich von Horw herleitet und eine feuchte, sumpfige Gegend bezeichnet, sind es nur noch ein paar Minuten. Herdengeläut, in das sich auch das markdurchdringende Geschrei einiger frei herumstolzierender Pfauen mischt, liefert die Geräuschkulisse zur Einkehr. Trampolin, Rutschbahn, Schaukeln und Kletterturm sorgen für die Beschäftigung der Jüngsten, nachdem Schnipo und Glaceschlumpf verzehrt sind. Ein Anziehungspunkt sind auch die unzähligen Kühe, die sich mampfend an der Futterkrippe des offenen Laufstalls drängen; rund 250 Stück Jungvieh werden hier, auf einer der höchsten Alpen des Aargaus, gesömmert, erklärt ein Knecht, der sich im Stall zu schaffen macht.

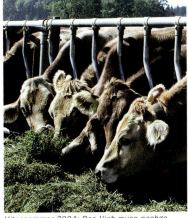

Hitzesommer 2004: Das Vieh muss nachgefüttert werden.

St.-Wendelin-Kapelle – für klerikale Sommerfrischler erbaut.

Nach gebührender Rast im Schatten grosser Bäume machen wir uns wieder auf den Weg. Zuvor aber wollen wir der St.-Wendelin-Kapelle einen Besuch abstatten, die sich auf der andern Strassenseite wie ein Tortenstück, garniert mit zwiebelbehelmtem Dachreiter, zwischen den Obstbäumen duckt: ein hübsches, kleines Gotteshaus mit einem geschweiften Schindeldach und einem Portikus, getragen von zwei toskanischen Säulen, an der Nordwand. 1700/01 hatte der baufreudige Fürstabt Placidus Zurlauben (1646–1723) von Muri auf dem Horben eine herrschaftliche Sommerresidenz samt kleiner Kapelle als Erholungsheim für seine Fratres bauen lassen, wo diese an einem Tag pro Jahr vom Stress des Klosterlebens ausspannen konnten. Dreissig Jahre später liess ein Nachfolger, Abt Gerold I. Haimb, das Haus vergrössern, da die Auszeit mittlerweile bereits zwei Tage betrug! Gleichzeitig liess er an Stelle der einstigen die heutige Kapelle errichten, die den beiden Heiligen, Wendelin und Ubaldus, geweiht ist. Als Schutzpatron der Landleute und des Viehs fühlt sich Wendelin, als Statue links des Altars auf seinen Hirtenstab gestützt, ein Rind zu Füssen, in dieser ländlichen Gegend ausgesprochen wohl, was sein lockerer Kontrapost verrät. Kollege Antonius, mit Schwein und Glockenstab dargestellt, blickt eher etwas gelangweilt nach oben, während die Muttergottes als dritte Statue, den göttlichen Buben im Arm, auf einer jungfräulichen Mondsichel balanciert. – Mit der Säkularisierung des Aargaus von 1841 ging die klösterliche Residenz in Privatbesitz über, wurde vorübergehend als Sanatorium für «vornehmlich erholungsbedürftige, schwächliche, blutarme und hektische Personen» genutzt und dient heute der Besitzerfamilie als Sommerresidenz. Deshalb sind die offenbar bestens erhaltenen Wandmalereien von Caspar Wolf (1735–1783), einem bekannten Alpenmaler aus Muri, sowie die kostbaren Deckenstuckaturen nicht zugänglich.

Botanische Rarität

Wir folgen dem Wegweiser, der für Muri knapp zwei Stunden angibt und uns nach einem kurzen Wegstück auf der Strasse vorbei an einem Tümpel nach links in den Wald zum Gehöft Sonneri lotst. Unterwegs fällt uns ein einzelner junger Baum auf, der einem Vogelbeerbaum gleicht. Als Speierling, Sorbus domestica, bezeichnet ihn die Tafel daneben. Im Rahmen eines Förderprojekts des Bundesamtes für Wald und Landwirtschaft Buwal gedeiht an diesem Standort ein Exemplar dieser seltenen Baumart, von der es gesamtschweizerisch nur mehr 500 Vertreter gibt. Durch Kulturen und die Ausbreitung von Hochwald, der ihm das nötige Licht entzieht, ist der schon den

Agrarland auf den besonnten Höhen des Lindenbergs.

Römern bekannte Solitärbaum vom Aussterben bedroht. Erst 2001 gepflanzt, ist dieser Sperwerboum, wie er im Mittelalter hiess, gewissermassen noch im Kindesalter. Doch wenns ihm gut geht, kann er 300 Jahre alt und 30 Meter hoch werden. Sein hartes, aber elastisches und gut zu bearbeitendes Holz wurde gern für Dachstühle und Schiffsbuge verwendet, da ihm magische Kräfte zur Abwehr von Blitz und Sturm nachgesagt wurden. Auch Musikinstrumente – Flöten zum Beispiel – wurden daraus gefertigt. Die beerenartigen, rot-gelben Früchte dagegen, Marzipanbirnen genannt, kamen in der Medizin gegen Magen- und Darmbeschwerden zum Einsatz, wurden zu Marmelade und Tierfutter verarbeitet und sogar zu Schnaps gebrannt.

Typisch für die erzkatholischen Stammlande ist das sechs Meter hohe Granitkreuz auf Grod, dessen Inschrift den unerschütterlichen Glauben sogar in einen Reim zwingt: «Dises Creuz erhalten Beinwil Winterschwil Brunwil Grüth und Grod / das Iesus sie bewahre vor aller Noth – 1763.» Allerdings konnte der felsenfeste Glaube im Dezember 1999 nicht vor den Schäden des Sturms Lothar schützen, dessen Spuren nicht zu übersehen sind, selbst wenn mit Jungpflanzen in Plastikhüllen gegen den Wildverbiss bereits wieder aufgeforstet wurde. In Schlatt überqueren wir die Autostrasse und wenden uns talwärts. Den markanten Würfel des Wasserreservoirs Kreuzboden passierend, erreichen wir bald Geltwil. An der Wegkreuzung erinnert ein Obelisk am Fuss einer gigantischen, kegelförmig getrimmten Eiche an die Opfer des Sonderbundskrieges von 1847. Gegenüber macht ein Alpenzeiger nochmals auf das Panorama aufmerksam, das sich noch immer in sommerlichen Dunst hüllt: vom Höhronen über die Glarner Alpen bis zur Rigi reicht es.

Ecclesia triumphans!

Über Gammerstall und Ippisbüel erreichen wir in weniger als einer Stunde Muri, dessen Weichbild zwei spitze Klostertürme dominieren. Die Vorderweystrasse zieht sich in die Länge, aber schliesslich stehen wir doch vor der Westfassade der Benediktinerabtei und treten durch den dreijochigen Portikus ins Innere. Viele Generationen haben an diesem Gotteshaus gebaut. Erste Grundmauern sollen auf das Jahr 1027 zurückgehen, denn Muri wurde ungefähr gleichzeitig mit der Hab(icht)sburg (um 1020) gegründet, und zwar von einem gewissen Ratbod, dem Neffen des habsburgischen Ahnherrn Guntram. Was zeigt, dass neben der weltlichen die geistige Befriedung ein ebenso zentrales Anliegen war. 1064 wurde hier die erste

Aussen streng, innen pompös: die Stiftskirche Muri.

Glasmalerei im Kreuzgang: St. Michael wägt die Seelen, ob gut, ob böse.

Kirche dem heiligen Martin von Tours geweiht. Die ursprüngliche, kreuzförmige Anlage der romanischen Basilika, von der noch die dreischiffige Hallenkrypta unter dem Chor zeugt, wurde im 17. Jahrhundert mit einem oktagonalen Kuppelbau barockisiert. Wie bereits erwähnt, beschloss der Aargauer Grosse Rat 1841 die Aufhebung der damals bestehenden acht Klöster des Kantons, darunter auch Muri. 1845 übersiedelten Abt und Konvent in das vormalige Augustinerkloster Gries bei Bozen; einzelne Brüder fanden als Lehrer des Kollegiums Sarnen eine Bleibe. Seit 1961 wohnen wieder zwei Benediktiner in Muri, wo sie ein seelsorgerisches Hospiz führen. Die Räumlichkeiten des Klosterkomplexes werden mannigfach genutzt als Büros der örtlichen Verwaltung, als Pflegeheim, als Primarschule sowie für kulturelle und gesellschaftliche Anlässe – darunter das periodische Habsburgertreffen, wozu jeweils die Einkehr in der Kaisergruft gehört, wo die Herzen Zitas und ihres Gemahls Karls I., des letzten Kaiserpaars, ruhen. Er war 1921 in Madeira, sie 1989 in Zizers GR gestorben. So kam denn Muri nach fast einem Jahrtausend erneut zur Ehre, seine einstige Rolle als Hauskloster der Habsburger im Exil zu übernehmen.

Im Gegensatz zum eher strengen Äussern überrascht der Innenraum durch lichte Opulenz. Hinter einem schmiedeeisernen Gitter mit perspektivischer Wirkung türmt sich der imposante Hochaltar, seitlich gefasst vom reich geschnitzten Chorgestühl. Rundum laufende Arkadenfenster lassen das Aussenlicht in den hohen Kuppelraum fluten und verleihen ihm die schwebende Eleganz eines weltlichen Rokokopalais, was der Zuckerstuck, die marmorierten Säulen und die Goldappliken an Altären, Kanzel und Orgelemporen noch unterstreichen. Einem weltlichen Monarchen durchaus angemessen ist ebenfalls der Thron für den Abt in der nördlichen Chorwand. Ich hänge etwas erschlagen in der Kirchenbank, geniesse die angenehme Kühle und gebe mich ganz dem Pomp der Ecclesia triumphans hin, weniger von frommer Verzückung als von wohliger Müdigkeit übermannt.